『三全育人』的高中德育实践

谢锦辉 主编
李文 梁小翠 副主编

南方日报出版社
NANFANG DAILY PRESS
中国·广州

图书在版编目（CIP）数据

“三全育人”的高中德育实践 / 谢锦辉主编 ； 李文，梁小翠副主编. -- 广州 ： 南方日报出版社，2024.11

ISBN 978-7-5491-2857-0

Ⅰ. ①三… Ⅱ. ①谢… ②李… ③梁… Ⅲ. ①德育－教学研究－高中 Ⅳ. ①G631

中国国家版本馆CIP数据核字(2024)第025542号

SANQUAN YUREN DE GAOZHONG DEYU SHIJIAN

“三全育人”的高中德育实践

主　　编：谢锦辉
副 主 编：李　文　梁小翠
出版发行：南方日报出版社
地　　址：广州市广州大道中 289 号
出 版 人：周山丹
责任编辑：严文玮
责任校对：朱晓娟
责任技编：王　兰
经　　销：全国新华书店
印　　刷：广东信源文化科技有限公司
成品尺寸：142mm×210mm
印　　张：7.25
字　　数：126 千字
版　　次：2024 年 11 月第 1 版
印　　次：2024 年 11 月第 1 次印刷
定　　价：38.00 元

投稿热线：（020）87360640　　　读者热线：（020）87363865

本书编委会

主　编：谢锦辉

副主编：李　文　梁小翠

编　委：王丽丽　冯　猛　方育森

石海杰　胡婷婷

"三全育人"的高中德育实践

序

才者，德之资也；德者，才之帅也。“五育并举”，德育为首，一所学校要高质量发展，首先必须有德育的高质量发展。高中教育是基础教育与高等教育的衔接期，对教育的高质量发展起着承上启下的关键作用。青少年阶段是人生的“拔节孕穗期”，最需要精心引导和栽培。高中阶段的青少年，思维上，自我意识、思辨能力增强，思维走向独立性，但是由于生活经验的局限，容易敏感偏激；心理上，情感体验比较强烈，情绪内容广泛，充满青春活力，但是由于自控力不足，容易出现情绪波动。因此高中学段的德育工作，相对于基础教育和高等教育阶段要更细致、全面、有序。

党的二十大报告指出，要全面贯彻党的教育方针，落实立德树人根本任务，培养德智体美劳全面发展的社会主义建设者和接班人。这为教育工作指明了方向，提供了根本遵循。当前，育人主体一元化、育人过程断裂化、育人方式单一化等是高中学段德育高质量发展必须解决的问题。

2016年12月，习近平总书记在全国高校思想政治工作会议上强调，高校思想政治工作关系高校培养什么样的人、如何培养人以及为谁培养人这个根本问题，要坚持把立德树人作为中心环节，把思想政治工作贯穿教育教学全过程，实现全程育人、全方位育人，努力开创我国高等教育事业发展新局面。习近平总书记的重要讲话引发了全国教育界对“三全育人”的研究热潮。

2017年2月27日中共中央、国务院印发的《关于加强和改进新形势下高校思想政治工作的意见》指出，坚持全员全过程全方位育人，把思想价值引领贯穿教育教学全过程和各环节。2018年5月2日，习近平总书记在北京大学师生座谈会上指出，要把立德树人的成效作为检验学校一切工作的根本标准，真正做到以文化人、以德育人，不断提高学生思想水平、政治觉悟、道德品质、文化素养，做到明大德、守公德、严私德；要把立德树人内化到大学建设和管理各领域、各方面、各环节，做到以树人为核心，以立德为根本。

“三全育人”理念整合各方面资源，优化德育实践路径，形成育人合力，这不仅能弥补当前德育过程中的不足，还能够针对高中学生的实际情况灵活开展多层次、多维度、全方位的德育。

本书立足于高中学段育人环境，结合高中学生的身心发展特点、高中教育教学规律，探索“三全育人”理念下的德育实践路径。全书分为三个部分：“三全育人”的背景与内涵阐述、“三全育人”的高中德育探索与实践、“三全育人”德育实践的展望与发展。第一部分，作者将教育视为个体成长生态的构建过程，从人的自然属性和社会属性角度理解“三全育人”理念；第二部分，分别从“全员育人”“全程育人”“全方位育人”三个方面，提出高中德育实践的主要路径；第三部分，对“三全育人”实践进行了总结和展望，提出“三全育人”在新时代的新发展。纵观全书，作者尝试在 “全员育人”“全程育人”“全方位育人”育人理念的指引下，探索出一套可参考、可推广的德育实践路径，以改善德育生态，提升德育体验。

今年是广东实验中学建校一百周年，百年正是风华茂，手把红旗立前潮。自1924年建校以来，省实人始终秉承“爱国、团结、求实、创新”的校训精神，敢为人先，只争朝夕，追求真理，为国育才，形成了“实验性，创新性，示范性”的办学特色，为基础教育的优质均衡发展贡献着我们的省实力量。

江山不墨千秋画，百年省实再出发。希望本书的作者及全体省实人，心怀大我，积极探索，为基础教育的高质量发展探索出更多可资借鉴的省实经验。

2024年10月

（作者系广东实验中学党委书记）

“三全育人”的高中德育实践

目 录
CONTENTS

第一章 高中学段『三全育人』的背景

“三全育人”指全员育人、全程育人、全方位育人。2016年，习近平总书记在全国高校思想政治工作会议上指出，要坚持把立德树人作为中心环节，把思想政治工作贯穿教育教学全过程，实现全程育人、全方位育人，努力开创我国高等教育事业发展新局面。

“全员育人”指所有与学生相关的人员都参与到育人工作中，强化相关人员的育人意识和育人责任，使其能够主动积极地将育人要求和育人要素落实到教育工作中。这里的教育主体既包含与教学直接相关的教师，也包含学生的家长、同伴，还包含能够间接影响到学生的后勤服务人员和教辅人员等。

“全程育人”指将立德树人的要求融入学校教育教学、学生成长成才的全过程，建立从小学、初中到高中，甚至大学、就业的全程育人环节，推进学生发展一体化，构建包括德育内容、目标、策略的长时段、可持续、分阶段的育人链条。

“全方位育人”是针对学生的受教育环境，打通校内校外、课内课外、线上线下等通道，充分利用各种平台，整合各种资源，通过各种载体将德育工作渗透到与学生相关的各个方面，加强德育工作的长效性和实效性。

教育的根本任务是立德树人，德育工作尤其重要。高中学段是学生世界观、人生观、价值观形成的关键时期，学生心理特征、学习任务、学习环境与其他学段有很大差异，“三全育人”理念在高中德育工作中的实践路径值得深入研究和探讨。

第一节 “三全育人”理念的内涵

“三全育人”目标在“人”，重心在“全”，方法在“育”。

教育的根本任务是立德树人，“三全育人”理念下的教育对象和教育出发点是人。“三全育人”要充分尊重人的自然性、社会性，并利用人的自然性、社会性为德育工作减负增效。实施“三全育人”，就要基于高中学生的身心发展特点和认知水平、情绪变化特点，进行更加细致全面的研究，在德育工作中因地制宜、因材施教、与时俱进，充分发挥德育的价值引领作用，让学生认识自己、发展自己、超越自己，最终成为更好的自己。

“三全育人”理念将教育过程视为一种生态过程。只要是与学生发展相关的要素，都需要纳入其中进行全盘考虑。“育人”是教育的目的，对象是“人”，方式是“育”。“三全”理念将教育的视角拉得更广，更具动态特征。

全员育人将教育主体由班主任和学校德育团队拓展到所有能够对学生产生影响的人，只要是能够对学生产生影响，具有育人意愿、育人情感的人都可以纳入教育主体之中。

全程育人和全方位育人拓展了教育的时空观。全程育人要求我们将学生视为一个成长的个体，采用阶段化德育活动、动态化德育评价，体现了对学生德育工作的时间覆盖。全方位育人展现德育途径和德育内容的多样化、德育资源和德育平台的多元化、德育评价的多维化，是对传统德育工作的拓展和延伸，在强调以德为先的同时，在广度和深度上超越了传统的思想政治教育，要求学生全面发展。全方位育人体现了学生德育工作的空间覆盖。

“全员”“全程”“全方位”三者关系密不可分，缺一不可，构建一体化的育人体系，须充分贯彻关于“努力构建德智体美劳全面培养的教育体系，形成更高水平的人才培养体系”的基本要求，落实立德树人的教育根本任务。

一、“三全育人”理念下的教育对象和教育出发点是人

教育的根本任务是立德树人，是培育能够适应社会发展、担当社会责任的国家建设者。“三全育人”要求教育主体在进行育人工作的时候既要关注到育人目标的落实，同时也需要考虑人的社会属性和自然属性。“三全育人”理念充分体现了人的社会性和自然性，并利用人的社会性和自然性为德育工作增效。

全员育人和全方位育人关注人的社会属性。任何人都会与其周围环境、所处社会、接触物产生联系，这种联系使人不能被视为孤立的存在，而是会被周围影响并影响周围的“社会人”。全员育人和全方位育人理念揭示了这种影响，并利用这

种影响开展育人工作，提升德育效能。

全程育人则关注人的自然属性。人作为具有高级思维能力的动物，是一个遵从自然规律不断发展成长的人，因此在育人过程中要尊重自然规律，在每个发展阶段充分考虑个体当前阶段的认知水平、身心发展能力，采取恰当的方式进行德育，使学生如沐春风，德育工作事半功倍。

二、“三全育人”理念下的育人关键在“全”

“三全育人”理念下的教育观本质上要求基于学生的个体发展建立一个全时域的德育生态。全员、全程、全方位是一个有机的整体，缺少任何一个环节，都会造成德育生态的缺失，导致德育效果不能有效彰显。

全员育人是基础和前提，构成育人体系的基座，只有形成全员育人的育人自觉，才能有效地落实立德树人的根本任务，才能将以德为先的育人理念渗透到学校工作的各个方面，才能牢固树立“为党育人、为国育才”的人才培养观。

全程育人构成了育人体系的时间维度，体现了育人工作的连续性、长期性、阶段性。不同阶段的人的认知水平、心理发展水平、身体状况都各有特点，全程育人要求育人工作目标明确、有针对性，同时要保持连贯性和长期性。

全方位育人构成了育人体系的空间维度，是落实德育工作的途径和载体。落实全方位育人理念，需要整合学生、家长、教

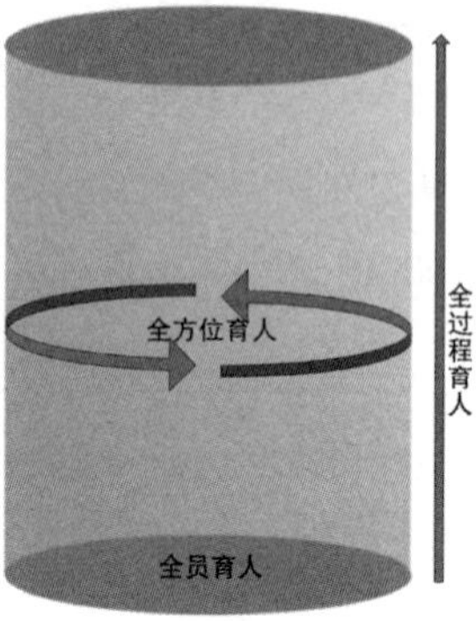

基于“三全育人”理念的育人体系

师、社会等各种校内校外的育人资源，需要搭建课堂、课外、学校活动、社会实践、校园活动等各种课内课外育人平台。

“全员育人、全程育人、全方位育人”构成了育人体系的三个维度，将育人工作联结成一个有机整体，三者密不可分，缺一不可。

三、“三全育人”理念下的教育：一种生态化教育

“三全育人”通过全员育人、全程育人、全方位育人构建了和谐完整的育人生态。

在生物学中，生态系统的组成成分包括非生物的物质和能量、生产者、消费者、分解者，各成分之间有着直接或间接的联系，共同构成一个统一的整体。某种生物的变化，都直接或间接受其他种类生物及非生物的影响。学生亦是如此，其成

长是在特定背景中进行的，既受外显直接因素的作用，又受内隐间接因素的影响。因此，生态化教育提醒我们在育人工作中要注意到被教育者的育人环境，充分考虑到各种系统的相互影响、相互配合，要整合育人环境中的各种要素，优化育人环节中的育人策略。

心理学家布朗芬布伦纳认为，自然环境是人类发展的主要影响源，环境或自然是一组嵌套结构，每一个结构嵌套在下一个嵌套结构中。换言之，发展中的个体处于中间环境中或嵌套在若干环境系统中，从直接环境（如家庭）到间接环境（如广泛的文化），每个系统与其他系统和个人交互，影响发展的诸多重要方面。

为学生的成长提供整体、系统、多样、全面的成长环境，将育人过程根植于可持续发展的生态系统是“三全育人”的最终目的。

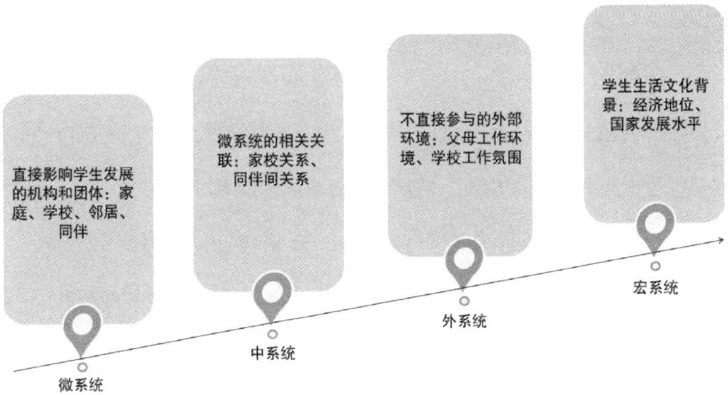

生态视角下的“三全育人”理念

第二节　高中德育的现状

高中学段是个体在生物性和社会性上走向成熟的时期。这一阶段的学生，生理发展趋于成熟，但是心理发展相对滞后，还处于逐步完善的过程中。这种生理和心理发展的不平衡，一方面为学生个性发展、德育引导和社会化人格形成创造了条件，另一方面也造成学生成长过程中的认知冲突和矛盾。随着身体的迅速发育，学生自我意识明显增强，独立思考能力和反抗意识提升，在心理上和行为上表现出强烈的自主性，迫切希望摆脱老师、父母、社会等的各种约束，敢于发表自己的观点，勇于捍卫自己的立场。随着身体的迅速发育，学生对自己的认知也更加自信，敢于破旧立新，追求进步，积极表现，希望能够展示自己的力量，希望得到社会、家长、老师的认可。

在高中学段，学生认知体系构建基本完成，认知活动的直接性明显增强，情绪体验呈现出延续性、丰富性、特异性的特点，可以根据情况控制情绪，情绪的波动呈现两极分化的特点，价值取向上表现出从众性和明显短暂性，容易受同辈影响。

基于高中学生的身心发展特点和认知水平、情绪变化特点，教育工作需要更加细致全面。教师在教育工作中既要巧妙化解学生与老师、社会的认知冲突，实现价值引领，也要充分利用各种机会、资源、平台对学生进行德育引导，发挥价值观引导的长效作用。

目前，高中的德育工作在育人主体、育人过程和育人资源等方面还存在一些问题。

一是育人主体一元化。就育人的主体而言，许多高中教育工作者仍然存在“德育就是班主任的工作”这一认知误区，认为德育是班主任一人主导的教育。德育工作贯穿全时空全领域，德育不仅仅是班主任的任务，也是全体教师的任务；德育目标的达成也不能仅仅依赖班主任一人，而要依靠全体与受教育者相关联的教育者群体。所以，只有构建全员育人的育人基座，形成全员育人的育人自觉，才能有效地落实立德树人的根本任务，才能将以德为先的育人理念渗透到学校工作的各个方面，才能切实履行“为党育人、为国育才”的人才培养使命。

二是育人过程断裂化。就育人的时间维度而言，目前的高中德育仍然存在学段断层的现象，各学段的德育工作者往往对本学段学生的特性考虑得比较深刻，但对学生发展的持续性考虑得不够全面，导致出现了基础教育与高等教育的德育断层，小学、初中、高中的德育割裂的现象。人的发展是一个渐进、持续的过程，需要经历不同的阶段和生命周期，各阶段和周期之间具有历时性的有机关联，不同阶段的人的认知水平、心理发展水平、身体状况各有特点，同时也呈现出彼此关联、相互影响的特性。所以，必须构建具有阶段性、连续性、长期性的全程育人体系，形成各学段的德育“一盘棋”、各过程的德育“一张网”、各领域的德育“一体化”。

三是育人方式单一化。就育人的空间维度而言，目前的高中德育还存在将学习与生活、个体与群体、学校与社会割裂的现象。这种割裂的直接表现就是德育过程中一直存在着的育人理念概念化、育人方式单一化、育人资源贫瘠化的问题。在个体的发展过程中，生理、心理和社会实践三方面的活动及其作用是共时的、交融的。生理活动和心理活动既渗透在人的一切社会活动之中，又为社会实践活动的开展提供必要的支持，人们在这些活动中结成各种不同性质的社会关系，个体在这些社会关系中承担着不同的社会角色，运用各种活动工具，实现相应的发展目标和任务。因而，教师在德育过程中应当充分挖掘校内外各种德育资源，搭建各种课内外德育平台，建构起学生与家长、老师、社会等的德育关系，创设丰富多彩的班级活动、亲子活动、社会实践活动，以综合的视角把学生的主体与客体、个体与社会、内部世界与外部世界联系起来，形成全方位的德育空间，推动个体的全方面成长。

针对目前德育工作存在的育人主体一元化、育人过程断裂化、育人方式单一化的问题，“三全育人”围绕立德树人这一根本德育目标，通过全员育人、全程育人和全方位育人，从主体、时间和空间三个维度构建起一个完备的育人体系，将育人工作联结成有机整体，形成多元、完备、一体化的育人体系。

第二章 全员育人的探索与实践

学校德育工作是教育者按照一定的社会或阶级要求，有目的、有计划、有系统地对受教育者施加思想、政治和道德等方面的影响，并通过受教育者积极的认识、体验与践行，以使其形成一定社会与阶级所需要的品德的教育活动，即教育者有目的地培养受教育者品德的活动。由此可知德育工作涉及三个环节：教育者、受教育者、教育活动。其中教育活动主要由教育者策划、组织、实施，因此教育者的认知水平、价值取向、行为方式直接影响到德育效能的发挥。

全员育人意味着育人主体广泛、教育者众多。一般而言，学生能够接触到的人都可以视为教育者。在学校里，班主任和科任教师是关键的教育者。

第一节 构建以班主任为核心的德育体系

考虑到学校德育的特殊性，全员育人的教育者主要指任课教师、宿舍教师、社团指导教师、同学朋友、家长等。由于经历不同、性格各异、认知能力不一致，不同教育者面对同一事物、同一现象时难免会提出不同的见解，得出不同的结论，这些不同见解或者思考甚至可能相互矛盾。如果这些见解、思考都毫无保留地传递给学生，学生将会迷茫、不知所措，不但达不到预期的德育效果，甚至可能产生反作用，使学生对德育工作产生反感甚而抵触。

为了达到德育效果，使全员育人的效能最大化，接触学生时间最长、对学生品行最了解的班主任，应该作为德育中枢对学生德育工作统筹协调，使德育内容、德育活动、德育评价具有一致性，构建以班主任为核心的德育体系，可将全员育人落到实处，形成教育合力。

一、构建以班主任为核心的育人机制

班主任作为关键的育人中枢，需要从整体视角进行德育工作规划、德育内容分解、学生信息收集与评价、德育效能反馈等诸多工作。

（一）德育工作规划

朱熹认为，知与行不可偏废，“论先后，知为先；论轻重，行为重”。班主任为了学生的全面发展，不仅要注重课堂教育，还要加强实践活动教育，让学生在实践中感悟、体会，促进其健康成长。因此，班主任要从学生发展的角度，结合班级具体情况，制定高中生涯整体德育规划，明确各个学段的德育主题、德育重点、德育活动形式，确定德育难点、突破手段等。

各个学段的德育主题要符合学生所处学段的心理发展特点，从立德树人的根本任务出发，覆盖学生的智商、情商、逆商和德商等教育维度，旨在培养德智体美劳全面发展的社会人。在确定德育重点时，班主任不能陷入经验主义，要根据班情和学情的不同，在尊重学生群体差异的基础上，确定班级的阶段性工作重点。

德育活动应该根据主题和重点的不同采取灵活多样的形式，利用好班团会、体育节、劳动课、社团文化节、读书节等载体，引导学生积极参与并获得成长。

（二）德育内容分解

在具体操作中，班主任需要从整体上分析班主任、科任教师、家长、同伴等角色对学生教育可能产生的影响，建立科学的学生观、家长观和团队观，这样才能在实践过程中精准锁定影响因素，实现教育合力最大化。

学生是教育的主体，学生的全面成长和发展是教育的最终目标。学生是发展中的不成熟个体，不同学生是不同家庭和环境教育下产生的独一无二的个体，拥有不同的文化属性，当学生遇到困境时，班主任需要在深入了解学生的个性和成长经历的基础上进行诊断并提供建议。班主任要相信学生有自己做好一切的愿望，但学生是发展中的个体，需要在经历与试错中积累经验。高中学段是自我意识觉醒的关键期，是学会理性、全面看待问题的最佳时机，班主任恰当的引导对学生的成长至关重要。

家长是每个孩子的专家，他们更了解孩子思考问题的逻辑和方式，班主任需要紧密联系家长，促成教育合力。同时，家长都爱自己的孩子，希望自己的孩子好，但有时候需要专业的指导。一般情况下，家长焦虑和崩溃的背后，是家长对孩子未来的担忧，是无法和孩子顺利沟通的懊恼，是看到孩子不成熟表现后对孩子产生的不信任，班主任应扮演好沟通桥梁的作用，利用主题班会课、个体辅导等方式促进双方的互相理解。

在处理各方面的关系时，需要全面分析各个角色的定位，秉承公平客观的原则，重视工作的方式方法，努力实现各角色的积极教育作用。

（三）学生信息收集与德育效能反馈

教育工作具有时效性，抓住好的教育时机可以做到事半功倍，因而，班主任在工作的过程中，需要及时收集学生情况信息、总结德育工作的作用效果，进而更有效地调整德育方案和策略。

在进行信息收集的过程中，班主任可以采取丰富灵活的形式，针对信息内容的不同，采用默默观察、调查问卷、一对一对话、与家长沟通、通过同学了解等方式获得多角度的信息，从而获得更客观真实的德育效果反馈。

二、家庭教育要与班主任工作密切配合

（一）引导家长树立正确的家庭教育观

家庭是学生最温暖的港湾。作为对学生最知根知底的人，家长对学生的影响是巨大的。家庭教育是否成功、家校协同育人是否取得实效，取决于家长是否树立了正确的家庭教育观。因此班主任要积极引导家长树立正确的教育观、促进家校教育同向而行。

将成长理解为成绩的提高，忽略了人格的培育；将学生的教育片面地理解为学校的教育，忽略了家庭教育……目前，许多家长都存在这些教育误区。我们要提高家长对家庭教育基本规律的认识，帮助家长在家庭教育实践中自觉遵循家庭教育基本规律，引导家长用家庭教育基本规律去分析、认识错综复杂的家庭教育现象，树立正确的家庭教育观念，促使家长与学生共同成长。对于“隔代教育”、“多孩”家庭、“单亲”家庭等，要特别提醒家长注意宽严有度、陪伴有质、平等互爱等相处原则。

（二）将家长纳入班级成长共同体

将家长纳入班级成长共同体是家校协同育人最有效的途径之一。班主任在充分了解家庭情况的基础上，整合家长各类资源，让家长有限参与班级活动、协助营造班级文化、合力打造班级特色，能够使家长更深入地参与学生的成长过程。班主任也可以根据实际情况，举办多维度的家长交流活动，使家长在交流中得到成长，既有助于家长之间、家校之间的了解，减少家庭与学校之间、家庭与家庭之间、学生与家长之间的矛盾，也可以帮助家长提高自身的见识、提升家庭教育的格局、助推家庭教育发展。

将家长纳入班级成长共同体，有助于促成融洽的亲子关系，让学生看到父母的亮点，感受到父母温暖的爱，可以有效消除学生在德育过程中的抵触情绪，激发学生的内生成长动力。

当然，班级成长共同体的主体是学生，因此我们将家长纳入班级成长共同体时要避免用力过猛。家长协助学校助力学生成长时，要注意在班集体活动中不能越俎代庖、喧宾夺主；在组织家庭活动时要注意节奏的把控和气氛的调节，交流不是“谁对谁错”的较量，而是反思事件背后的深层原因。

（三）搭建家校顺畅沟通的桥梁

家庭教育的显著特点是个体差异大。现在的学生个性飞扬，家长的教育观念也各有不同。如何使家长的力量与学校力量形成合力，形成“1+1＞2”的效果，为孩子的成长提供合适的成长环境，是班主任面临的首要问题。

获取家长对班主任和学校的信任是搭建桥梁的第一步。班主任要利用各种方式和渠道，取得家长的信任。只有信任班主任、信任学校，家长们才会认同学校的教育措施、教育方式，才能积极配合学校的教育工作，愿意与老师同心同向同行。合适的沟通策略是家校合作能否成功的关键。班主任应在充分了解学生家庭背景的基础上，根据不同家长的类型、层次，进行针对性指导，提升实效性。值得注意的是，家校沟通不仅是学校与家长的沟通，还包括学校协助家长与学生进行交流。

家校沟通桥梁的形式是多样的。大规模的家长会和小范围的家长座谈是家校沟通的常用方式，深入家庭的家访更是获取学生第一手资料的有效手段。我们还可以创造家长参与班级决策、班级共建、资源共享等机会，提升家长在班级中的参与感，使家校协同育人形式更加多样，提升育人效果。我们也可以开设家庭教育、心理健康等方面的讲座，缓解家庭焦虑，帮助家长树立正确的教育观，传授家庭教育的方法，让家长在家校协同育人过程中担负起相应的职责，使学校教育和家庭教育相得益彰。

三、学校活动开展要与班主任密切沟通

活动育人，润德无声，活动育人需要活动组织者与班主任充分沟通交流，以确保活动育人取得实效。在学校活动的

开展中，要构建以班主任为核心的协同育人机制，班主任要成为全员育人的沟通桥梁，密切联系学生和各育人主体。在学校活动开展前、开展中、开展后，班主任要发挥相应的作用，引领学生健康成长、全面发展，切实落实全员育人，完成育人目标，提升育人效率。

（一）活动前介入，明确德育主题，确立德育内容和形式

班主任在学校活动开展前，要周全部署，做好活动的准备与安排。班主任应与组织者协商确定德育内容和形式，预设德育目标。以广东省某重点中学的体育节活动为例，体育节中不仅有各项体育赛事，还有入场式节目表演、班服设计与展示、海报设计比赛等活动。活动项目众多、内容跨度广泛，因此班主任需要提前进行规划和安排，与学校的各组织者密切联系，了解活动要求，确认活动主题，明确德育任务；还要做好与学生的沟通和协调，确保活动主题的落实，确保学生的思想境界在活动中得到提升。

（二）活动中沟通，落实德育目标，适时调整对策

在学校活动开展的过程中，班主任要积极指导班干部开展活动，对学生容易产生疑问、容易发生德育问题的地方要提前研判并制定相应处理方案，同时积极记录学校活动过程，积累班级育人素材。同样以体育节为例，班主任应观察班干部在组织、开展班级活动中的行动，针对如何安排班级活动、与同学

沟通、发挥班干部的领导力等进行指导。同时，班主任要预判学生容易受伤的项目，购买保险并做好安全教育和预案；还应在学生容易产生疑问、矛盾的环节做好提醒和指导，例如针对班级表演节目、班服的设计如何统一意见，如何高效完成节目排练等，班主任要提前培训班干部并做好问题解决的指导，在班级内做好动员和思想准备。此外，班主任还要做班级育人的“有心人”，仔细、尽可能全面地记录学校活动开展过程。除了亲自上阵外，班主任还可以安排好班级的摄影团队，调动科任教师、家长参与记录，这样既能在活动中发现班级好人好事和学生特点，也能发挥家长、学校共同育人的作用。

（三）活动后总结，评价德育实效，寻找德育契机

学校活动是活动育人的重要载体，不仅要在活动过程中发挥积极的育人作用，更要在活动结束后持续产生作用和效果。因此，班主任要及时对学校活动进行总结，在恰当的时间节点，以学校活动为契机，抓住育人时机，提升活动育人的效果。以体育节为例，班主任在活动中通过摄影团队积累的丰富育人素材，可以在班会课、团队课中用于开展班级团结合作、拼搏向上等主题的教育。班主任还可以及时总结体育节活动中的情况，鼓励同学们将体育精神发扬到学习和生活中，持续发扬团结合作的优秀班风，建设优秀班集体。同时，表扬在体育节中涌现的优秀个人，如运动员、班干部、啦啦队员等等，可以在班级树立榜样，让其引领班级发展。此外，班主任还要善

于记录活动中观察到的学生的特点和闪光点，这有利于日后谈心谈话、选配班干部队伍等德育工作的开展。

四、班主任要紧密团结科任教师

作为教育工作者，教师不仅要传授课本知识，更应该引领学生不断完善自我，全面发展，塑造更好的自我。毋庸置疑，班主任是班级教育的核心，但在德育过程中班主任如果单打独斗，往往障碍重重。如果能构建好班级管理的德育团队，团结科任教师，构建班级管理的德育团队，形成网状德育格局，将会对德育工作起到事半功倍的效果。为了实现这个目标，我们可以采取以下措施。

（一）建立合作机制

班主任与科任教师形成育人共同体的首要任务是确立合作机制。合作机制包含信息共享、决策互通、评价共议。

信息共享指班主任和科任教师要共享信息。班主任要与科任教师共享学生的信息，比如学习状态、身体状态、心理状态、思想动态等；还需要就班级管理理念、方式、制度等相关信息主动与科任教师沟通，倾听科任教师的意见和建议。信息共享有助于班主任对学生全面了解，勾勒出学生的“完整形态”，以利于有针对性的教育工作；还有助于加深班主任与科任教师的相互了解，有利于育人团队形成德育统一战线。

决策互通指班主任要与科任教师密切合作，根据班级学生情况，共同制定德育目标和计划，并商议落实德育任务的路径与方式。班主任要就当前学段的德育设想、德育重点与科任教师充分沟通并获取科任教师的认同和支持，协商处理一些德育问题。科任教师也需要就任教过程中出现的问题及问题的处理方法与班主任及时交流。决策互通是在信息共享的基础上，达成德育共识，构筑德育统一战线。

评价共议指班主任要与科任教师一起确立德育评价方式，建立统一的评价体系，包括评估学生品德、行为表现的标准，以及科任教师在德育工作中评价学生的指标，确保学生的德育表现能够得到全面和客观的评价。当然，班主任要定期评估德育目标和计划的实施情况，适时作出相应的调整。

（二）搭建交流平台

班主任应主动搭建科任教师与学生合作、交流的平台。合作平台既包含引领学生成长的跨学科活动，也包含师生之间的生活交流平台。

组织跨学科项目和活动，让科任教师合作开展德育相关的主题研究或项目实践，可以增进老师之间的了解，加深师生之间的感情，提升学生的综合素养。班主任可以与科任教师共同确定主题，例如环保、公益活动、人权教育等，确保该主题能够涉及多个学科领域。在跨学科的研究过程中，师生之间要建立有效的沟通和协作机制，确保各个学科之间顺畅衔接和协调；在项目开展过程中，要定期组织项目讨论，交流经验和分享成果。在跨学科研究平台上，老师之间、师生之间的沟通渠道更加畅通，这既有助于形成教师教育合力，也有助于形成融洽的师生关系。

师生之间的生活交流平台包括常规的主题班会、运动会、生日会等班集体组织的集体活动。在活动中，班主任可以主动要求科任教师参与其中，如此既可活跃身心，增进师生感情，又可以借活动之机发挥科任教师的优势，展示科任教师的风采，有助于师生磨合。

（三）提供“获利”机会

因为班主任工作的特殊性，在大部分学校，学生的成绩归因会向班主任倾斜，因此在实现共同育人的过程中，班主任要更多“让利”给科任教师，让科任教师感觉到自己的育人工作是被看见的、被关注的、被认可的。

班主任要积极协助科任教师解决在教学上的困难，比如作业落实、学生上课状态调整等；要帮助科任教师建立在学生中的威信，比如积极向学生展示科任教师的风采；在面对班集体获取的成绩时，班主任应多多提及科任教师的积极协助和共同努力；面对不利局面，班主任要勇于承担责任。

班主任要引导学生理解老师、关心老师、爱护老师，让科任教师在教学过程中感受到班集体的温暖。

五、宿舍管理需要与班主任工作密切配合

宿舍是学生在校生活的重要场所，是学生在校学习的后院。一个好的宿舍氛围可以减轻学生的学习疲劳感，增进学生间的感情，有助于良好班风的形成，促进学生自我成长。宿舍是“三全育人”的重要场所，是全员育人、全方位育人的重要一环。

（一）以班级为单位，在班主任指导下制定个性化宿舍章程

在高中宿舍管理中，宿舍管理老师要根据学校的实际情况与学生的特点，制定宿舍管理条例，形成宿舍范围内人人必须遵守的行为准则。在宿舍制度建设中，班主任需要指导学生讨论如何制定合理的规章制度，再集中意见，以寝室为单位派出代表，为制度的制定献计献策。在此过程中，班主任既要让学生意识到宿舍制度建设的重要性，将宿舍建设融合进班级育人目标之中，也要与宿舍管理老师充分沟通以确保制度能落实到位。

（二）以评价为导向，协助班主任进行宿舍检查与评比

评价是个风向标，也是指挥棒。评价可以暴露学生的缺点，督促学生养成良好的生活习惯，促使学生补齐不足，提升自我。宿舍管理老师按照宿舍量化管理细则要求，每天公布宿舍内务检查情况，及时通报班主任，让班主任了解自己学生寝室的卫生评比情况，及时提醒学生改正不好的地方。在必要时

宿舍管理老师可根据班主任的要求进行专项检查，以更有针对性地配合班主任落实育人任务，达成育人目标。

（三）配合班级文化建设，开展宿舍文化建设活动

宿舍文化是在学生宿舍这一特定的环境里，由住宿生在长期的学习和生活实践中共同创造的，以住宿生的价值观为核心，体现学校特色、行为规范、文化制度、精神形态、行为方式的总和，是一种特定的场所文化和群体文化，也是校园文化的重要组成部分，同样具有德育的功能。宿舍管理老师可以配合班主任，根据班级文化建设的需要开展丰富多彩的宿舍文化建设活动，如充分利用宿舍门口橱窗、宿舍楼内走廊、墙壁进行宿舍文化宣传，展示学生风采等。

（四）协同班级管理，提升管理育人实效

班级管理是班主任的基本职能之一。通过对学生的管理实现对学生的教化，是班主任的重要任务。宿舍是学生的重要生活场所，学生在宿舍状态更自然、放松，更能呈现真实的一面。在宿舍管理中融入教化工作，会使德育工作事半功倍。一方面宿舍管理老师要积极发现学生在宿舍中的不足与优点，主动、及时向班主任反馈，以便班主任适时进行教育；另一方面班主任可以根据学生情况主动向宿管老师寻求配合，形成育人合力。

六、构建以主题班会为主线的育人网络

说到班会课，很多班主任都不会陌生，因为只要当上了班主任，上班会课就成了一名教师的日常职责与必备专业技能之一。尤其在全员、全程、全方位育人方面，系列化的主题班会更能体现育人的计划性和针对性。它可以根据学生的身心发展规律和性格特点，结合当前的时代形势以及教育实际，对学生的思想品德、行为规范进行具体的引导以及实际的指引。但是，什么样的课才是一堂好的主题班会课？怎样的主题班会顶层设计才是真实有效的？主题班会应该具备什么课程特征和必备要素？它与其他学科课程的区别在哪里？教师该如何有计划地开展主题班会以落实“三全育人”的教育任务？接下来，我们主要从班会课的定义、作用、开展等方面，全方位介绍中学阶段主题班会课系列化设计与组织实施。

（一）主题班会的定义

根据《中小学班主任工作规定》第三章“职责与任务”，班主任在日常教育教学中要“指导开展班会、团队会(日）、文体娱乐、社会实践、春（秋）游等形式多样的班级活动，注重调动学生的积极性和主动性，并做好安全防护工作”。由教育部制定，于2020年8月印发的《中小学教师培训课程指导标准（班级管理）》明确班主任班级管理能力包含五大内容，分别是班集体建设、班级活动组织、学生发展指导、综合素质评

价、沟通与合作，还制定了相关项目的指标体系与“能力诊断级差表”。也就是说，开展班会课不仅是班主任的必要专业技能，也是班主任的日常教育职责与任务。

有文章将主题班会定义为“在班主任的指导下，由班委会组织领导开展的一种自我教育、自学成才的班级活动，是班主任对学生进行思想教育的一个重要途径”，也有文章认为主题班会是“围绕一定主题而举行的班级成员会议”，还有文章指出主题班会“能充分发挥集体的智慧和力量，让个人在集体活动中受教育、受熏陶，从而提高综合素质”，主题班会“如果组织得好，对学生思想的转化和良好的班风的形成有不可低估的作用”。由此可见，主题班会的本质是以班级为单位召开的会议或以班级为单位的集体活动或班会活动。其主要功能不是进行班级的常规管理和一般的班级工作部署、安排和总结，而是侧重于围绕主题对学生进行品格和心理教育，实施有效的价值引领。

我们对主题班会则有更深一层的认识。将“主题班会”四个字拆开来看：“主”体现了过程的活动性与主体性，突出学生是课堂的主角；“题”体现了学段的普遍性与预兆性，主题班会的开展是基于实际班情的需要与发展实际的；“班”体现了班会课设计的覆盖面与作用面，它面向的对象是本班的所有同学，而不是其他人；“会”则体现了班会意义的严肃性与延伸性，它以会议的形式就班上发生的问题展开讨论和研究，向班上的同学们说明问题从而解决问题。

由此可以看出，主题班会的课程特征主要有：

具有明确的教育目标：不同的学段与不同的时期有着不同的教学任务，它制约并影响着主题班会课程的开展方式、内容及其深度广度等。

具有确定的组织者：一般而言，班主任是班会课的第一组织者，因为班会课是班主任实施班集体管理与教育学生的重要平台。

具有明确的主体：学生是班会课的面向对象和实施主体，学生可以通过班会课获取促进自身发展的有益经验，而学生的参与与接收程度则是班会课实施效果的重要评价依据。

具有严格的组织过程：学校的德育部门会要求班会课常态化，因此班会课有比较固定的上课时间，它的组织实施情况是班主任工作考核的重要内容。

具有灵活动态的教材：班会课没有固定的教材，它可以来源于学生的生活经验、社会环境、现实困惑等，是教师、学生、环境等各种因素相互持续作用的动态情景，具有教育的现实价值和时代意义。

（二）主题班会的作用

《中小学德育工作指南》第五部分“实施途径和要求”的第三点“活动育人”指出：“要精心设计、组织开展主题明确、内容丰富、形式多样、吸引力强的教育活动，以鲜明正确的价值导向引导学生，以积极向上的力量激励学生，促进学生形成良好的思想品德和行为习惯。”根据长期的实施与探索，我们总结了班会课的主要作用，具体如下：

第一，它可以帮助学生掌握发现和解决问题的方法，形成宽广的视野和敏捷的思维，从而使学生的潜能得到更大的开发。

第二，它可以帮助学生形成科学的世界观、人生观和价值观，从而使学生更充分地认识自我。

第三，它可以帮助学生塑造健全的人格并促进学生全面发展。

第四，它可以在较大范围内对学生做好思想教育，帮助班级形成和谐的文化，推动班集体的整体发展。

第五，它可以激发学生的学习热情和动力，形成良好的班风学风。

第六，它可以促进教师专业能力的发展和学校德育活动的顺利开展，等等。

齐学红、袁子意的《班会课的设计与实施》一书特别提到：“班会课是一门综合实践类校本德育课程，是在班主任的指导下，班级成员共同参与的具有明确的教育目的、灵活的教育时间、严谨的内容设计的系列主题教育活动。它以班级活动为主要载体，以主题会议等为主要形式，是师生间、生生间，以及学校、家庭、社区间多方互动的教育过程。”主题班会同时也是一门教育与综合实践兼具的德育活动课，是一门综合实践活动课程，是一门富有弹性且个性鲜明的校本课程，也是活动课程中的思政课。

（三）主题班会的误区

在实际操作中，有些班主任由于对班会课的定位存在偏差，思想上重视不足，对班会课的内容缺少规划，使得课程缺乏针对性，工作上随意性大，因此“错”把班会课上成了形式单一、模式僵化、单向灌输的“批评教育课”或“办公会议课”。

有些班主任由于对班会课认识不足、行动上准备不充分、对班会课组织角色定位错误、反馈机制缺乏完善与延伸等，“错”把主题班会上成了“作秀”成分极重、倚重表演的“作秀表演课”。

还有些班主任则由于对班会课的宏观规划不足，缺乏专业知识，教育针对性不足，“错”把主题班会上成形式呆板枯燥的“学科思政课”。

以上都是班主任在上主题班会的时候容易陷入的误区。

教育部制定的《中小学教师培训课程指导标准（班级管理）》中，班主任班级管理能力指标体系与能力诊断级差表“班级活动组织”指标下的“班会活动”项，将教师的育人效果分为四个水平：水平一是“表扬先进，批评落后”；水平二是“按部就班，注重模仿”；水平三是“利用班会解决问题”；水平四是“通过活动育人，在活动中育人”。根据该标准要求，我们有必要在上主题班会之前，对主题班会有一个全面的了解与整体的认识，这样才能真正达到全员、全程、全方位育人的教育目标。

（四）主题班会的分类

好的主题是开好班会的前提和关键。一般而言，按照功用来划分，主题班会的“主题”可分为计划性系列主题、针对性现实主题和时代性教育主题。其中计划性系列主题以满足促进学生身心健康发展的需要，满足学校教育，尤其是德育的要求为主；针对性现实主题是针对具体的班情和学情、在教育中遇到的具体问题而言的；时代性教育主题则以传统节庆日、公民生活和社会时事等具有教育意义的内容为主。

一节好的主题班会课，必须符合四项标准，即“小”“近”“巧”“实”。“小”要求主题班会的主题要小，从大处着眼、小处着手，最后达到以小见大的效果；“近”要求主题班会的主题要贴近学生生活实际与身心发展水平，要解决学生实际遇到的困难；“巧”要求主题班会的实施要有创新性与艺术性，实施过程中能做到深入浅出、水到渠成；“实”则要求主题班会的设计要针对学生遇到的实际问题，务本求实地对学生进行思想与行为上的指导。

（五）主题班会的系列化设计

要真正上好主题班会课，一定要从学生的实际需要出发，结合学生的身心发展特点与思维发展水平，有针对性地对本学段的所有主题班会课进行宏观规划并形成系列化设计，从而帮助学生确立正确的自我意识，树立人生理想和信念，形成正确的世界观、人生观和价值观。

班主任除了要常规化开展主题班会对学生进行德育引导之外，还应通过班团、班队活动等多种形式对学生的思想品德进行教育引导。教育部制定的《中小学教师培训课程指导标准（班级管理）》中，班主任班级管理能力指标体系与能力诊断级差表“班级活动组织”指标下的“团、队活动”项分四个水平评价教师的育人效果：水平一是“了解程序，完成任务”；水平二是“定期开展，程序规范”；水平三是“捕捉契机，主题教育”；水平四是“形式灵活，自主教育”。由此可见，计划性和针对性强、系列化与实效性高的主题班会才是实施“三全育人”的有效途径。

根据高中学生的身心发展规律以及学段特点，高一年级主要以“适应”为支点，规范行为，打好基础，立志成才；高二年级主要是以“人格”为支点，关爱生命，健全人格，自主管理；高三年级主要是以“成年”为支点，强化责任，关注社会，报效祖国。

根据北京师范大学出版社出版的国家纲要课程教材《心理

健康》，高中三个年级的主题班会可以按照以下主题开展：

高一年级第一学期：结交新朋友，熟悉新环境；爱在集体，责任担当；建立自信，发现多面的我；美丽的困惑，学会选择；换个角度，调节情绪；等等。

高一年级第二学期：成长是学会忍受痛苦的过程；建立信任的亲子关系；美丽困惑，学着长大；坚守自己的想法，理智选择；科学选科，生涯规划；发现幸福，珍爱眼前；等等。

高二年级第一学期：打造人格魅力；异性交往学问多；珍惜友情；做情绪的主人；拒绝诱惑，自主管理；锤炼良好的意志品质；等等。

高二年级第二学期：体验生活中的快乐；让梦想为未来指路；解决冲突；探寻生活的意义；直面挫折；拥抱高三；等等。

高三年级第一学期：寻找高三的坐标；时间管理，忙而不乱；站在烦恼里仰望幸福；战胜内心的恐惧；在挫折中奋起；我不是一个人在战斗；等等。

高三年级第二学期：做个考试赢家；合理定位，科学分析；致敬成人礼；与压力共舞；寻找正常发挥的金钥匙；破除设限，跨越障碍；等等。

主题班会的规划与设计除了可以根据学段来划分，还可以根据类别与系列进行划分并有序开展，因为一个教育目标的达成，并非一节班会可以解决的事情。比如可以开展自主学习、学生成长、中学生幸福课程、生涯规划指导课程、生命教育指导、人生价值观引导、中学生文明礼仪养成、好习惯伴成长、公共空间意识教育、社会情感辅导、自我防护教育、安全教育等系列主题班会。

在一个主题系列之下又可以细分几个子目。如自主学习系列下，可以开展“从容面对学习新起点”“发现被遗忘的学习动机”“找到适合自己的学习方法”“了解你的考试焦虑”“科学使用你的大脑天赋”“目标成就未来”“做时间的主人”“克服拖延”“保持学习动力”“穿越学习的高原期”等细分主题班会。人生态度系列下可以开展“对自然的态度（关爱地球、保护环境）”“对社会的态度（提倡法治、道德、人类友爱、世界和平）”“对人生的态度（信仰、理想、目标）”“对生命的态度（生命意识、人生规划）”“对自己的态度（悦纳自己、直面人生）”“对他人的态度（真诚、善良，学会换位思考，己欲立而立人，己所不欲勿施于人）”等细分主题班会。心理健康系列下可以开展“认知、情感、行为心理保健”“青春期心理保健”“个性心理健康”“走出心理怪圈”“理智与情感”“发现幸福”“变压力为动力”“解决冲突”“和自己签约”等细分主题班会。

总之，主题班会的设定没有固定的要求，班主任可根据个人的特长与认识，结合学生现实需要与实际学段要求进行设计。同时，主题之间没有绝对的界限，是相通相容并相互促进的。

（六）主题班会的组织实施

为了避免将主题班会上成干巴巴的“批评说教课”和硬生生的“洗脑灌输课”，可以尝试以探讨交流、体验活动、参观纪念、实践模拟、文艺表演、汇报分享等方式组织开展主题班会。

一般而言，主题班会包括导入、主体实施与活动延伸三大部分，每一部分都不可或缺。

一个好的导入能成功吸引学生的注意，使得本来缺乏活力的班会课变得活跃起来。为了达到这样的目的，可以尝试使用猜书名、问卷调查、个性测试、游戏体验、新闻启示、社会热点关注、名词解释、下定义等方式导入。

在主题班会的主体实施部分，则可以根据主题的需要，运用不同的方法以达到教育的目标，比较常见的班会课活动有：心理团队活动，如“表情包”、“情感垃圾桶”、“情绪ABC”、握手微笑、印象评价、“大风吹”、“滚雪球”、信任背倒、装石头沙子盐水、一分钟鼓掌等；学生表演，如角色互换、“实话实说”、“焦点访谈”、现场采访、现场招聘、幸福抽签、颁奖典礼等；学生分享，如品评名人名言与故事、分享经验、专家支招等；学生竞赛，如学科知识竞赛、团队任务、小组辩论等；学生讨论，如分析理由、剖析行为价值、两难抉择、猜想结果接龙、条件搭配等。

事实上，一堂主题班会不可能彻底解决教育过程中遇到的所有问题，更不可能使每一位学生达到预定的目标。因此，主题班会仅仅是个良好的开始，要把主题班会的教育成果巩固下来，还需继续开展班会课的延伸活动，如“文明之星”评选活动、广告创意展示、海报设计、班会续集、活动打卡、朋友圈晒图、演讲比赛、文化展等。

总之，一节成功的班会课往往融合了各种教育元素和班主任的教育智慧，是班主任综合能力素质的集中体现和专业发展的平台，因此班主任应对此给予高度重视并加强自身修炼。同时，学校应把班会课纳入全校的课程规划中，充分挖掘班会课丰富且特有的教育功能，使得班会课的实施更加规范化、课程化与体系化，从而为学生的全面发展和终身发展搭建更有力、更广阔的平台。

例　××学校高中三年主题班会规划

一、高一年级主题班会或班集体活动规划

高一年级第一学期：

（一）走进新学校，扬起新征帆（新生入学教育）

1．军训期间的主题教育：宿舍管理制度学习、爱校教育、破冰之旅、文明礼仪教育、高中三年发展规划。

2．学生熟悉学校基本情况：包括学校历史、学校布局、教学安排、作息时间、日常管理等，让学生初步了解学校学习生活。

3．融入班集体：请学生参与班训与班徽、班歌、班旗的设计，让参赛学生展示作品并说出自己的创作理念，学生投票，设计出自己的班级名片，并张贴在课室门外。

4．感恩教师；感动亲情，细说家风：结合教师节和中秋节进行中华优秀传统文化教育。

（二）高中生活应这样起航（高中学习生活指导）

1．理想教育：让学生在老师的指导下，理解高中生活的特点，思考如何起步、适应；引导学生确立自己的理想与三年的奋斗目标。

2．我与祖国命运在一起：新时代爱国主义教育。

3．竞争意识与意志力的培养：围绕“适应”这一主题，让学生尽快熟悉并融入高一的学习与生活。

（三）我的青春我做主（自主管理教育）

1．我心中的班级：经过一段时间的相处，同学之间已有了一定的了解。开展班情讨论、班委演讲、完善班规等活动，组建不同的监督小组，让学生学会自主管理。加强自我教育，是提高学生综合素质的有效办法。

2．换个角度谈纪律：谈和谐班集体的创建。

3．自觉、合理、有恒：学会学习自理、生活自理、习惯自理。

（四）“他与时间”（学习习惯指导）

1．“谁偷走了我的时间”：学生步入高中后，会有积极上进的要求，也会暴露出一些不良习惯，特别是不知道该如何充分利用时间。班主任应引导学生养成良好的习惯，纠正不良习惯，促进学生追求卓越。

2. 谈毅力与坚持：高一的学习难度和能力分层已渐渐显露出来，这时候需要引导学生学会坚持。

3. 如何提高学习效率：面对繁重的学习任务，学生需要学会统筹兼顾各个学科并有针对性地提质增效。

（五）自信与成功（心理辅导）

1. 扬起自信的风帆：进入高中，学习的科目多了，学习的要求高了。高中的首次期中考试后，常有学生感到不适应，一些学生感到失落，丧失自信。引导学生加强对高中生活的认识、增强自信心、学会心理调适、悦纳自己，显得很有必要。

2. 直面挫折，笑迎人生：谈挫折教育。

3. 生命历程，不可删减：谈生命教育。

（六）共同扬起理想的风帆（班级联欢暨散学礼）

学期将要结束，学生可以通过班级内部的联欢活动，增进相互之间的交流与友谊，表达对新的学习生活的感想和憧憬，共同扬起理想的风帆。

高一年级第二学期：

（一）感动我的人和事（真情故事诉说）

1. 让班级因“我”更美好：在新学期开始时，引导学生诉说感动自己的人和事，会让每一个学生都备感温暖和鼓舞，也可以培养集体荣誉感，增强班级凝聚力。

2. 感知春节，走进传统文化：加强传承春节等传统文化的意识，分享寒假社会实践的体验。

3. 经营完美人际关系“三原则”：成长小妙招。

（二）精神文明月（中华优秀文化传统教育）

1. 清明缅怀：全班以“忆先烈、思古人、讲孝道、知回报，争做优秀中学生”为题，谈论如何从我做起、从现在做起。

2．践行礼仪，从校园做起：文明礼仪养成教育。

3．我与城市共呼吸：结合植树节、“地球一小时”活动以及世界环境日等主题日进行环保教育，谈谈高中生应如何养成环保意识、践行环保理念。

（三）四季有常，不可逾越（青春期心理健康教育）

1．花开有时，青春有约：高中生早恋现象已经较为普遍，作为学生的引领者，班主任应根据青春期发展的心理特点，加强对学生青春期情感的指导和教育工作，帮助学生走出这山重水复的情感迷茫期。（另召开男生大会与女生大会）

2．体貌烦恼与美丽密码：仍处于青春期的高中生容易对自己的容貌产生焦虑或过度沉迷，教师应给予适当的引导。

3．攀比有度，增值无价，善待嫉妒：建立正确的价值观，学会接纳自己的情绪，教师要适当引导学生形成正确的行为和价值取向。

（四）五四精神，薪火相传

1．让青春与团徽共闪耀：进行爱国主义教育，传承五四精神，绽放青春风采。

2．成功就是每天进步一点点：谈成功秘诀。

3．个人与集体：建立集体观念，学会团结协作与奉献。

（五）怎样使你更聪明（学习方法指导）

1．乐学与巧学：家长施加的压力、繁重的课业、学习成绩不理想等因素，使部分学生感到学习很苦很累，甚至厌学。随着新高考改革的实施、选课制度的推行，如何正确引导学生抓住机遇，结合自身特长发展优势科目，改变自己的学习状态，感受学习带来的快乐，显得尤为重要。

2．主动学习赢得学习的主动：谈学习的主动性。

（六）“E”网情深，“机”情无限（网络学习交流与手机使用指引）

网络社会强大的生命力对学生的发展起到了巨大的助推作用，同时也带来了种种问题。我们应该加强对学生互联网和手机使用的研究和指引，探索新情况，创造新方法，解决新问题，引导学生合理使用网络和手机。

二、高二年级主题班会或班集体活动规划

高二的学生已经基本适应了高中的学习和生活方式。这个阶段是学生世界观、人生观、价值观形成的重要时期，要进一步加强理想教育，突出责任，为进入高三做好准备。根据高二学生的身心发展特点，本学年的班会课设计可从以下几方面入手。

高二年级第一学期：

（一）人生—理想—行动（目标理想教育）

1．不要平庸地生活：志向与梦想对人生有巨大的导向性作用。选择什么样的目标，就会有什么样的成就和人生。成功的起点就是立志，因此一个远大的人生理想、一个具体的人生目标，都会给高二学生带来奋发的动力。

2．成长路上的一盏明灯：师恩难忘主题演讲活动。

3．认清自我，规划人生：谈生涯规划。

（二）重任在肩（责任意识教育）

1．让运动承载青春：结合学校体育节，探讨体育锻炼话题。

2．立鸿鹄志，圆复兴梦：谈责任。当今中学生思想敏锐，勇于进取，但也有一部分学生自我意识浓重，责任意识淡薄，纪律意识松弛，因此，召开这类主题教育相当必要。

（三）做学习的主人（学习方法指导）

1．让生命与时间赛跑：进入高二后，有一部分学生有所松懈，不能合理地安排自己的学习时间，开展有关时间管理的惜时教育具有现实性和必要性。

2．别说不可能：谈如何面对困难。

3．勤奋引领成功：谈坚持，说勤奋。

4．习惯造就卓越：谈学习习惯的养成。

（四）生命成长指引

1．闪光的路标：谈偶像崇拜。

2．扬起自信的风帆：谈自信。

3．让别人因我的存在而感到幸福：谈相处与担当。

4．“微”时代的选择：谈新媒体。

（五）考前心理辅导

1．学习一定有高招：科学的学习方法，对时间紧迫的高二学生而言尤为重要。有了好的学习方法，就能提高学习效率，提升学习成绩。让学生交流学习经验和方法，是高二班会课的重要选题。

2．揭开考试的面纱：考试话题，减少焦虑，科学备考。

高二年级第二学期：

（一）让我们携手共进（班集体管理）

1．站在新的起跑线上：谈新学期规划。

2．让我们走得更远：换个角度谈纪律，谈班级自理，引导学生自觉遵守纪律。

3．请不要叫我“后进生”：教师纠正教育观与师生观，帮助学生建立自信，激发学生自驱力。

（二）精神文明月（中华优秀传统文化教育）

1．我与雷锋共前行，举手投足见精神。

2．擦亮诚信的名片：谈诚信教育。

3．生命教育：结合国际禁毒日等主题日，谈谈高中生应如何遵纪守法、珍爱生命。

4．心之宽，容海之大：谈宽容。

（三）书香启迪人生（读书节活动交流）

1．青春“悦”读：到了高二这个阶段，学生们有了一定的阅读积累，应给他们搭建一个交流展示的平台，让他们交流心得，碰撞思维，分享所得。

2．学海无涯永遨游：谈终身学习。

3．人生就是一本书：谈奋斗。

（四）心理健康教育

1．寻找最美的青春：谈审美。

2．永远的感恩：在母亲节和父亲节到来之际，对学生进行感恩教育。

3．让“法”为成长护航：法治教育。

4．人同此心，心同此理：同理心话题。

（五）学习方法指导

1．学霸支招：谈自主学习与终身学习。

2．奔跑吧，高二：谈学习方法与时间管理。

3．让我们走得更远：谈自律。

三、高三年级主题班会或班集体活动规划

高三是学生发展至关重要的一个阶段，它既是学业的收获时期，又是学习压力最大的时期。高三是比刻苦、比毅力、比方法、比效率、比坚持、比心理的一年。针对以上特点，本学年的班会课设计，应从以下几个方面入手。

高三年级第一学期：

（一）激发青春潜能，绽放青春光彩（高三动员月）

1．激发青春潜能，绽放青春光彩：高三伊始，为了激发学生的学习斗志，营造浓厚的学习氛围，掀起高三学习的新高潮，有必要召开此次主题班会。

2．坚持路上有风光：谈坚持，讲毅力。

3．认清自我，规划人生：谈生涯规划与目标引领。

（二）扬起自信的风帆（自信教育）

1．自信，从现在开始：自信可以帮助学生发现自己的长处，从而产生积极进取的动力，以达到自我实现的目标。在高三这个特殊阶段，学生尤其需要自信，它会激励着学生克服困难，勇往直前。

2．积极归因助成功：谈成败归因。

（三）我与我的目标（学情诊断）

1．心系梦想，快乐成长：目标对人生有巨大的导向性作

用，所以成功的起点应该从确定目标开始。但目标的实现，还要依靠一步一步扎实推进。从学习抓起，做好具体的学情分析很有必要。

2. 滴水石穿透，功到习惯成：谈学习习惯的养成与调整。

（四）我的人生规划

1. 我的人生格言：格言是千百年来人们在生活实践中感悟、总结、锤炼出来的话语，它的魅力在于能以精辟而深邃的哲理来阐发真理，给人以启迪、力量和鼓舞。学生自拟格言，就是在实践中提炼自己的思想。

2. 致青春：18岁成人仪式。

3. 与父辈共话18岁：把自己与父辈同一时期的生涯轨迹进行对比，既要体会父辈的不容易，也要对自己的未来建立信心。

（五）失败乃成功之母（挫折教育）

1. 挫折，生命因你而精彩：俗话说，失败乃成功之母。在高三阶段，学生难免遇到考试的失利、竞赛的出局、自主招生的落选等挫折。因此，对学生进行挫折教育是很有必要的。

2. 向着阳光，行百里者半九十：谈战胜困难与坚持。

3. 让生命和时间赛跑：谈时间管理和生命教育。

（六）青春礼赞（师生联欢）

高三阶段的元旦或春节，即将毕业、参加高考的学子心情是非常复杂的，有留恋，有伤感，有失落，有对未来的憧憬，也有对高考的担忧。在辞旧迎新之际，开个联欢会，让学生绽放青春的活力，既可以舒缓高考的压力，又可以为学生加油鼓劲。

高三年级第二学期：

（一）我的大学我的梦（理想教育）

1. 我的大学我的梦：这是本学期的第一次班会，一开学就要召开，目的是营造一个良好的学习氛围，让每个学生都明确自己的理想，尽自己的最大努力去追逐梦想。

2. 我们的责任：成人礼后，高考前，即将迈入社会的高三学生更应该明确自己的定位与责任，不负青春，不负韶华。

（二）追梦之路（释疑解惑，引领教育）

1. 学长学姐来支招：随着高考的日益临近，学生普遍进入到“学习高原期”，要引导学生调整好学习的步伐。除了教师的指导外，其他有过类似经历的同龄人的成功经验也对他们有很好的启迪作用。

2. 走近CEO：职业规划与优秀校友回校访谈。

（三）高考50天倒计时（冲刺动员）

1. 50天，我们还能做什么：距离高考还有50天的时间，可以以高考倒计时的形式，凝聚全班同学的士气，激励学生做好准备，踏上冲刺的征途。

2. 分秒必争：谈时间统筹。

（四）灿烂在六月（考前指导）

1. 会学，也要会考：高考时，会的题目不丢分，这就是极致，这就是成功。如何审题，如何规范答题，遇到难题怎么办，遇到简单的试题又该注意什么，如何做到卷面整洁等，都要一一考虑，一一叮嘱。

2. 赢在心态，决战高考：谈考前心理疏导。

（五）走向美好的明天（高三毕业庆典）

三年高中学习生活，既紧张忙碌，又多姿多彩。高三毕业庆典在祝贺学生顺利完成高中学业的同时，也对他们提出期望，希望学生不忘母校，不忘恩师，用优异的成绩回报家长，回报母校，回报社会。

第二节 通过学科德育实现全员育人

立德树人是我国教育的根本任务，也是学校教育教学的工作中心。“三全育人”理念下的德育工作要求全员育人、全程育人、全方位育人，育人主体、育人时间、育人的空间等维度都得到极大扩展。结合高中教育教学实际，学科德育是“三全育人”理念的体现，也是落实“三全育人”最好的途径。

一、学科德育体现了“三全育人”的理念

（一）学科德育要求教师全员参与，体现全员育人的理念

学科德育要求在学科教学中对学生进行德育渗透、德育引领。在学科德育的指引下，科任教师除了必须准确把握本学科的学习目标、重难点等学科内容，还需要对学科内容中蕴含的、隐藏的内在德育内容、德育目标进行预设、解析，敏锐捕捉学科教学中出现的德育契机。

在学科德育的要求下，每一位科任教师既是学科知识技能的教学引路者，也是学生的思想前行的领航员，充分体现了全员育人的理念。

（二）学科德育实现课程育人，体现全方位育人的理念

在教育部制定印发的《中小学德育工作指南》中，“实施途径和要求”部分提出了课程育人、文化育人、活动育人、实践育人、管理育人、协同育人等六种育人路径。六种育人实施途径基本覆盖学生学校学习生活的各个方面，体现了全方位育人的理念。

学科德育是课程育人的重要一环，是课程育人的主要方式。学科教学是学生在校学习的重要学习内容，是学生系统接收学科知识的重要途径，也是学生在校受教时间最长的育人活动，在学科教学中渗透学科德育是实现全方位育人理念的重要途径。

（三）学科德育的逐层推进，体现全程育人的理念

学科德育依赖学科教学。随着学科教学知识由浅入深，学生认知水平不断提高，学科德育也因此递次深入。因此学科德育要求教师充分考虑学生的成长规律，由浅入深施加德育。

由于学科知识的一致性和学科特点的稳定性，学科德育在小学、中学、高中甚至大学的各个学段的核心内容是基本一致的，区别在于各学段侧重点不同、深度广度不同。学科德育使教师在学生的成长过程中，始终保持着对德育的关注，保持德育效能的螺旋式上升，体现了全程育人的理念。

二、学科德育的基本原则

基于高中教育目标、教学内容、教学方式的特殊性，依据学科知识的特征，学科德育更多通过课堂设计、习题训练、教学过程、师生互动、课程设计等途径进行渗透。因此需要注意把握好渗透时机，合理安排内容，主题应符合生活经验，形式要生动多样。

（一）学科德育渗透内容的合理性

学科德育是在学科教学课堂上进行德育工作。学科德育要在学科知识技能教学的同时进行德育教育，归根结底，本质上还是学科教学。教师要依据课堂的知识性内容、教学目标和学生的接受能力确定学科德育内容。每一堂课都要目标明确，使德育内容服务于课堂目标、服务于学生的德育需求。德育内容脱离了教学内容和学生认知水平，会使得课堂的跳跃性太强，不仅无法引起学生的共鸣，还会扰乱课堂目标的达成，得不偿失。

（二）学科德育渗透时机的自然性

育人工作不能采取一味灌输的方式，要做到“润物细无声”。学科课堂之中的德育不能生搬硬套，让学生觉得突兀，因此学科德育的渗透时机要自然。这需要教师将教学内容与德育内容巧妙融合，在课堂教学中以适当的时机切入，以保持学生课堂学习的连续性和完整性。对于背景知识性的德育内容，可以在课前讲授部分随机引入；对于具有创新性、探究性，需要挖掘的德育内容，可以安排到课堂探究或者课后作业中；对于课堂上随堂生成的德育内容，教师需要随机应变、应时而动。

（三）学科德育渗透展示的生活化

德育效果的显现需要学生内化德育内容，这种内化的最有效途径就是让学生产生共鸣。要做到这一点，教师需要将德育内容进行生活化展示，避免曲高和寡。一方面教师需要将德育内容用通俗易懂的生活化语言进行阐述，另一方面教师在德育渗透时要能够结合时代热点、生活经验，贴合学生的认识能力和生活阅历。

（四）学科德育渗透形式的多样性

德育内容的多样性，造就课堂渗透形式的多样性。德育渗透形式多样，既可以是教师为主导地位的讲授，也可以是以学生为主体的自我感悟，还可以是结合学生德育现状的点评。对于知识背景中蕴含的德育内容，比如学科史料中的德育内容，可以通过直接讲解或者课后查阅等形式渗透；对于思维方式、解决方法等需要挖掘的德育内容，可以在题目设置、教学过程中进行体现；对于开放性、探究性的德育内容，可以采取小组合作、师生互动等方式进行渗透。

三、学科德育的基本路径

（一）教学内容中寻找德育内容

教学内容是学科知识的载体，同时也是学科德育内容的来源。每一门学科的发展都与当时所处的时代背景和历史发展趋势密切相关，在学科发展史中可以深入挖掘学科人文内涵、价值意义。同时，教师可以在讲解学科知识的过程中深入挖掘德育内涵。比如在数学教学中，数学史的教学既能够进行科学意识的培育，又能够进行爱国主义教育，使学生理解“科学没有国界，但科学家有自己的祖国”；对中国数学史料进行挖掘，能够增强学生的民族自信、文化自信；比较中西方数学发展的路径，能够引导学生深入理解辩证思想，不人云亦云。这些都是很好的育人素材。

要寻找蕴含在教材中的育人因素，教师须全面把握中小学德育内容的内涵，因为这是进行学科德育的基础。只有了解了中小学德育的内容，才能够有目的性地在教材中寻找育人素材，这要求教师站在超脱于知识的层面，站在德育、哲学、美学、人文等角度分析教学内容。站在知识角度分析教学内容，发现的是它的科学性；站在人文角度分析教学内容，发现的是它的伦理价值；站在道德哲理角度分析教学内容，发现的是它的德育价值。

（二）教学形式中呈现育人理念

教学形式体现教师个体的教学思想，即教师在课堂教学中如何通过潜移默化的方式传递价值取向和道德观念。教学方式的选择、教学内容的选取、课堂活动的构建、课堂管理的方式、课堂语言的运用、课后作业的设置等方面都可以反映出教师的教学思想，体现教师的育人境界。

教学方式要能够发挥学生的主观能动性，激发学生学习的兴趣，培育学生的创造能力；教学内容的选取要能够兼顾每个学生的学习能力，使每个学生都学有所获；课堂活动的构建要做到人人参与，不可使部分学生游离于班级学习之外；课堂管理的方式要能体现公平原则，不歧视、不偏爱；课堂语言的运用要做到语言表达准确，避免庸俗、低俗、媚俗的“三俗”倾向；课后作业的设置可以与时代背景、育人热点相结合，进行具体的德育渗透。

（三）师生关系中渗透育人思想

构建师生关系的过程实际上是师生在知、情、意、行方面相互影响、交互作用的过程。构建什么样的师生关系意味着教师向学生传递什么样的价值观。平等和谐的师生关系体现的是推崇平等的价值观，其乐融融的师生关系体现的是追求善意的价值观。在师生关系中渗透育人思想，不仅会营造良好的学习氛围，更重要的是可以构建和谐的、自然的育人环境。

良好师生关系的构建要把握如下几点。第一，对学生充满爱。关爱学生是良好师生关系构建的基础，也是育人工作的基础。育人工作是思想的碰撞、洗礼、更新，因此难免产生冲突、摩擦。师生关系和谐的首要条件就是要有爱心，有爱心才会包容学生、尊重学生、理解学生。第二，以法律法规为准绳。无规矩不成方圆，有规矩就有红线，这是道德的底线，不可逾越。以法律法规为准绳既是对学生的约束也是对学生的保护，同时还能够培养学生的法律意识、规则意识。

例1　数学学科德育的思考与实践

立德树人是教育的根本任务。《普通高中数学课程标准（2017年版2020年修订）》指出，高中数学课程以学生发展为本，落实立德树人根本任务。我们在教育教学的实践中要强化立德树人的意识，在数学教学中体现德育导向，从数学教育和数学学习中发掘德育素材，引导学生全面发展，实现立德树人的教育任务。

1 数学学科德育的特点与内容

1.1 高中数学学科特点

每个学科的德育素材、德育内容都各不相同，取决于各个学科的学科特点。学科特点决定了学科的教学手段和教学模式，而教学手段和教学模式影响着学科德育的策略和途径。

数学是研究现实世界空间形式和数量关系的科学。在高中学段，数学的主要特点表现在高度的抽象性、逻辑的严密性和应用的广泛性。

（1）数学的抽象性

抽象（abstract）来自拉丁文“abstractus”，指抽取出同类事物的共同的、本质的属性或特征，舍弃非本质属性或者特征的过程，是数学有别于其他学科的特征之一。

柏拉图在《理想国》中评论了当时的几何学家，他说：

“尽管他们利用可见的图形，并就此推理，但是他们所想的不是这些，而是这些形状所摹仿的那些东西：所想的不是所画的图形，而是绝对的正方形和绝对的直径……他们其实在寻求看见物的本身，而这只能通过心智之眼才能见到。”

从柏拉图的话我们可以知道，数学的几何图形是心中之几何图形，是理想的几何图形，于现实是不存在的。抽象为理想之图形是为了排除不必要的影响，从而更好地了解事物的本质，进行进一步的研究和推理。

高中是学生由感性认知向理性认知转换的关键时期，数学的抽象性正好帮助学生提升认知转换的效率，数学学习为学生提供了思维转换训练的广阔天地。

（2）数学的严谨性

数学的严谨性体现在数学语言表述的准确精练、推理逻辑的周全严密、数学结论的确定无误。数学语言准确精练，要明确无歧义，即使对最基本、不能用逻辑定义的概念，数学上也要用基本常识加以确定；数学推理过程要步步有据，合乎逻辑要求，中间不能有任何逻辑漏洞；数学结论要确定无误，既要逻辑自洽，还不能与其他数学结论出现相互矛盾的情况。

数学的严谨性要求学生既有较高的文字阅读能力，也有较强的逻辑思维能力。这对于处于认知转换阶段的高中生而言，具有一定挑战性。

（3）广泛的应用性

广泛的应用性指我们要利用数学知识解决现实问题。小学、初中学段的数学主要是利用现实问题理解数学知识，并不强调将数学模型和数学知识应用于现实问题解决。高中学段的数学强化了数学与现实的联系，一方面要求借助实际问题理解数学知识，另一方面还要求学生能够利用数学知识解决现实问题。

广泛的应用性能够促进学生抽象思维的培养、模型思维的运用，有助于帮助学生增强数学学科“学以致用”的体验。

1.2 数学学科德育的内容

德育是心灵的碰撞、思想的洗涤和思维的新陈代谢，是自我发现和觉醒的过程。在这个过程中，教师无法通过生搬硬套的说辞和教条僵化的规矩实现德育目标，必须通过感情的浸润，让学生去自我发现、自我觉醒，达到自我成长、自我管理，提升内驱力，提高道德标准。所以德育工作是需要情感体验的，教师要在情感体验中浸润德育内容，实现德育目的。

高中数学的学科特点，给高中生数学学习带来巨大的挑战，这种挑战为学生提供了多场景的情感体验，使学生在体验中提升认识世界、认识自我的能力。与此同时，在数学漫长的发展历史长河中，有很多让人感动、拍案叫绝的素材，让学生欣赏、解析这些素材，能够提升学生思考问题的格局和视野，提升学生道德高度，达到德育目的。

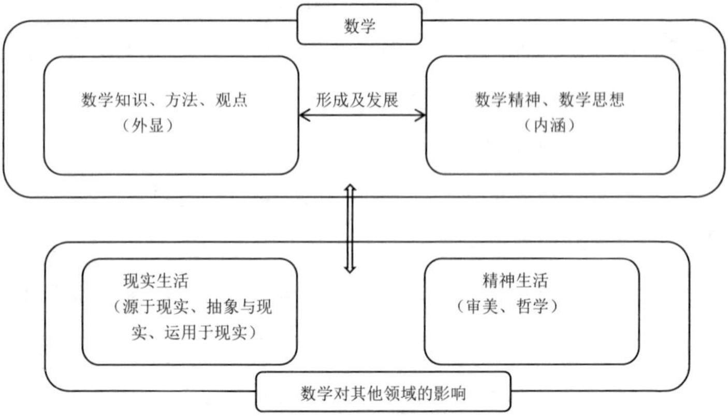

数学与客观世界的沟通过程

数学教育能够提升学生的学科素养，引导学生用数学的眼光观察世界，用数学的思维思考世界，用数学的语言表达世界。这实际上要求学生能理解并运用数学与客观世界进行沟通。在与客观世界沟通的过程中，数学教育除了引导学生感悟数学的科学价值、应用价值，还尤其重视文化价值和审美价值，使得数学在学生形成正确的世界观、人生观、价值观过程中发挥独一无二的作用，促进学生的全面发展。

（1）核心素养与科学精神

数学学科是高中理科学习的基石、科学发展的基础学科，在数学教育中培养学生的科学精神和思维品质是毋庸置疑的。

数学是一门严谨且抽象的学科，其概念的界定、规则的运用、结论的生成都有严格的规定和要求。通过概念辨析、习题演算、逻辑推理、规范书写等，学生可以学会严谨的逻辑推

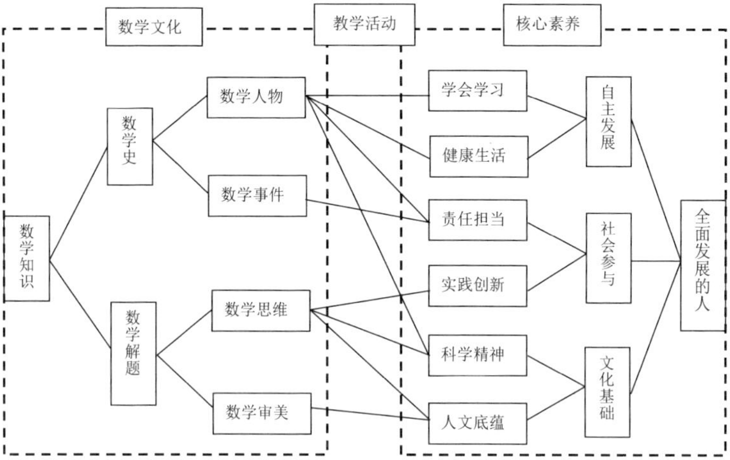

数学与核心素养的关系

理过程、清晰流畅的思考路径，培养思维严谨性和思考的条理性；在分析解决问题的过程中，学生可以形成有条理、有逻辑、有依据的思维习惯和表达能力，形成重论据、有条理、合乎逻辑的思维品质和理性思维，养成求真务实、实事求是的科学精神，形成坚持真理、敢于质疑、严谨求实的科学态度。

（2）人文精神与审美情趣

数学教育蕴含着巨大的人文价值。数学是伴随着人类历史共同发展和进步的学科，它的内容、方法、思想和语言是现代文明的重要组成部分。在数学发展的历史长河中，闪耀着人类文明的光辉和对人性真善美的追求。数学是理性之美与人文之光的融合，这种融合有助于培养学生的人文精神，提升学生的审美情趣。

数学审美不仅在于理性与人文的融合之美，还在于数学与自然、社会的内在一致性。在与人类历史同步发展的过程中，数学的美学特征与自然美学、社会美学的美学特征是一致的，比如简洁性、统一性、对称性、和谐美、奇异性等，它往往能更深层次地反映美的本质，给人以更深刻的美的感受，这种美感不仅仅是形式的、简单的、感官的美，还包含逻辑的、深层的、理性的美。数学的美将主观和客观的一致性体现得淋漓尽致，是美的最高境界。数学审美情趣的培养有助于学生从审美感知过渡到审美创造。

（3）个人修养和意志品质

数学的发展并非一帆风顺。我们通过呈现数学家们在逆境中自强不息的故事，引导学生感受为追求真理而奋不顾身的精神；通过真实的人物和故事，引导学生理性看待成败，感悟坚持不懈、精益求精的精神，培养独立自强、敢于担当的意志品质。

高中数学知识多、难度大、抽象度高，要求学生在学习的过程中，不断地进行前后联系，认真分析条件与结果的因果关系，比对各种方法之间的区别和联系，适时选择恰当的问题解决路径。这个过程既是数学知识运用的过程，也是构建解决现实问题的模式的过程。在这个过程中，学生需要有直面问题的勇气、解决问题的信心，面对挫折时要有韧性、有耐心，能够在困境中发现问题的关键，调整解决问题的方法，在学习数学的过程中培养勤恳、坚持、明辨、求实等优秀品质。

（4）文化自信与社会担当

中国数学在数学发展历史上占有举足轻重的地位。祖冲之圆周率的计算、秦九韶的大衍求一术、杨辉的杨辉三角等都是领先所在时代数百年的成果，陈景润、苏步青、陈省身、丘成桐等数学家在当代也是熠熠生辉的人物。在数学教学中，我们充分挖掘相关资源，介绍我国数学家的故事，可以展现中华民族的优良品德和优秀传统文化，增强学生的民族自豪感，帮助学生增强文化自信。

数学本身蕴含着运动变化、辩证统一等特点，培养数学思想有助于引导学生正确理解国家的政治、法律等，不被一些别有用心之人混淆视听。国家强大与数学发达呈强正相关性，伟大数学家能够极大推动社会的进步、国家的进步，我们可以由此激励学生奋发有为，培养学生的责任担当精神。

2 数学学科德育策略与路径

2.1 深化数学教学理解，发掘德育价值

数学的发展蕴含着人类解决问题的智慧。我们要关注数学史、数学概念、数学人物和数学故事中的人文价值，通过真实的人物、真实的事例启迪学生智慧、培养意志品质、增强民族自豪感；我们要深入理解数学问题的解决与现实问题解决的内在逻辑联系，将数学学习与现实生活联系起来，使二者相互促进，提升学生综合素养；我们要呈现数学在现实世界的运用，引导学生自主学习；尤其要展现我国在数学上取得的成就，增强学生的责任感和使命感；我们要重视学生的探究能力，让学生在探究中培养创新意识，感悟学习的乐趣，激发学习的热情。

2.2 挖掘隐性教学资源，拓展德育途径

隐性教学资源包含隐藏在教材中的各种教育资源，如教材中的“阅读与思考”“数学建模活动”“探究与发现”等，还包含隐藏在教学活动中的教育资源，比如课后探究活动、课堂教学中的师生互动等。

对教材隐性资源的挖掘，可以让学生在阅读、探究中深度理解数学知识的来龙去脉，构建整体的知识体系，提升科学素养；让学生在了解数学发展史、数学人物、数学故事的同时，领略数学学科中蕴含的人文精神，在潜移默化中感受数学带来的社会进步和人类发展。

课后的探究活动、课堂的师生互动能够培养学生的合作意识、协商能力、为人处世的格局和做事的态度。课后活动和师生互动都是无法预设的，学生在真实的活动中感受，在情感的体验中感悟，在挫折与成功中得到成长。

2.3 丰富数学教学形式，增强德育体验

教学形式取决于教学的内容。在实际教学过程中，我们需要充分调动学生积极性，让学生积极主动、深度参与课堂教学活动，让学生在体验中进行自我反思、自我调整，最后达到自我教育，得到自我提升。

我们可以通过构建民主、平等、自由的课堂环境，营造互动、对话和倾听的课堂氛围，运用富有亲和力、感染力的语言，设置有梯度、有趣味、有思考空间的问题，提供丰富的数学素材，引导学生经历数学的一般化、特殊化、类比、归纳等思维过程，促使学生实现从感性认知到理性思考的转变。

我们鼓励学生进行小组探究、相互辩论，让学生在辩论中明晰概念，在讨论中形成多角度的理解，对事物进行辩证思考；让学生在小组学习中学会“借力”，学会妥协，理解求同存异，发现别人的闪光点，学习与他人交流的方式；让学生在讨论过程中，意识到只有付出艰苦的努力和坚持才能获得成功，由此获得问题解决的成就感和探索的好奇心。

2.4 优化教学评价体系，提升德育实效

注重评价实效，要强调内容与形式并重、过程与效果并重，保证德育内容的落实与德育目标的达成；要转变评价观念，在评价过程中既要重视知识的掌握、能力的发展，也要注重学生思维品质的提升，科学精神、人文精神及文化自信等方面的养成；要突出评价主体，鼓励学生进行自我评价和相互评价，尝试建立学生、教师、家长、专家共同参与、交互作用的评价体系；要关注评价过程，尊重学生个性发展，遵循定量和定性相结合、过程性和终结性评价相结合的原则，根据阶段性德育目标，适时引导学生梳理并反思，从而调整状态，提高品德修养。

2.5 整合德育资源，拓宽德育时空

数学是所有理科学习的基础，因此数学与其他学科有着紧密的关联。我们可以与其他学科整合，开展拓展课堂、专题讲座、课题探究活动等。比如开设校本课程“数学影视欣赏”，将数学与影视结合起来，提升学生的兴趣，拓宽学生的视野，打开学生学习的格局；开设“数学与艺术”专题讲座，以数学的眼光来观察和欣赏艺术作品，深化学生对美的

认识，发挥多学科联合德育功能；将学科德育融入学校、班级的活动，开展一系列与数学有关的项目式学习、探究性学习，比如《九章算术》的阅读活动，不仅能增加学生的数学储备，还能增强文化自信、增进文化认同。

3 数学学科德育案例分析：数系的扩充与复数的概念

【教学内容分析】

复数是高中学段最后一次数系扩充，可以让学生对数的概念形成初步的、完整的认识。

本章节内容分4个课时：数系的扩充与复数的概念为第1课时，复数的几何意义为第2课时，复数的四则运算则在第3、4课时解决。本节课学习数系的扩充和复数的概念，是所有复数学习的基础。

课程标准对本节课的要求不仅包含复数的基本知识的掌握，还包括了解复数引入的必要性，体会实际需求与数学内部的矛盾（数的运算规则、方程求根）在数系扩充过程中的作用，感受人类理性思维的作用以及数与现实世界的联系，了解数系扩充的基本思想。

【教学过程】

教学内容	教师活动	德育目标
问题引入	问1：能否寻找两个数，使得它们的和为10，乘积为40？ 问2：是否存在正方形面积为2？如果要求面积为2的正方形边长为有理数，那么正方形存在吗？	通过新旧问题联系，利用类比推理，提供解决问题的思路。

（续表）

教学内容	教师活动	德育目标
新授课： 复数扩充史	卡尔丹诺： 得到了形式上的解决：$x=5\pm\sqrt{-15}$。 笛卡尔： 给出了名称“虚数（imaginary number）”，觉得$\sqrt{-15}$不可理喻，难以理解。 欧拉： 将负数开方的问题抽象为$x^2=-1$的方程，并创造性地给出解：i。此时虚数仍然难以理解。 高斯： 提出“复数”一词，真正开始对复数进行系统研究，研究了复数范围内的运算法则、复数范围内多项式方程的解等问题。 高斯之后： 广泛利用复数解决实际问题。	1．了解数学文化，体现数学人文价值，渗透研究精神。 2．通过欧拉提出虚数单位“i”，体会创新精神。 3．通过广泛的数学应用，体会数学对于社会进步的巨大推动作用。
新授课： 数系扩充图	至此，我们对数系的发展有了比较完整的了解，回顾从幼儿园到现在我们学习了哪些数呢？能不能做一个图？ 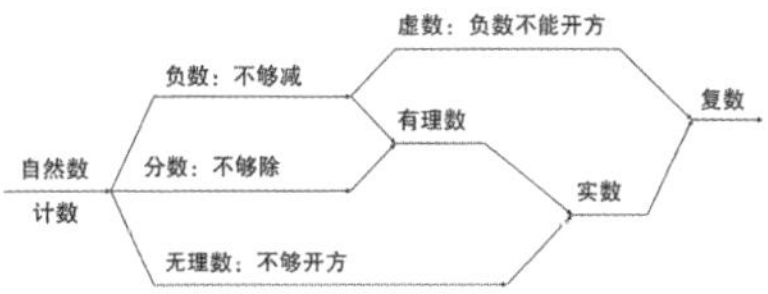 从数系扩充图引导学生发现以下三个方面的特点并进行类比拓展： 1．数系的每次扩充都是为了解决问题； 2．新数的引入都将原有数集扩大； 3．实数、无理数、有理数都继承了自然数大小比较的性质。	1．通过对数系扩充图的归纳，培养学生的观察能力、类比推理能力。 2．了解人的理性思维在数系扩充中的作用，体现数学人文价值。

（续表）

教学内容	教师活动	德育目标
新授课： 复数的概念	解决问题：复数是不是实数集合的扩大？ 在解决此问题之前，需要对复数形式进行研究。回顾到问题1的解，在引入虚数单位“i”之后，$x=5-\sqrt{15}i, y=5+\sqrt{15}i$，而我们的任何实数$a$，都可以写成$a+0\cdot i$的形式，而对于$x^2=-2$的解可以写成$0\pm\sqrt{2}i$。 问：（1）复数$i$的形式应是什么？ （2）复数、虚数、实数的关系是什么？ （3）画出韦恩图。	1．利用学生思维活跃、善于思考的特点，引导学生通过归纳、类比等逻辑推理方法学习新知识。 2．了解学生整合新旧知识的能力。
	例题及练习： 练习1：判断$2+\sqrt{7}, i^2, i^3, 3-9i, 0, (1-\sqrt{3})i, \frac{2}{7}$各是什么数？具体回答：实数、虚数、纯虚数。如果是虚数指出其实部和虚部。 练习2：判断下列命题是否正确： （1）若a、b为实数，则$z=a+bi$为虚数 （2）若b为实数，则$z=bi$必为纯虚数 （3）若a为实数，则$z=-a$一定不是虚数 例1： 复数$z=(m+1)+(m-1)i,(m\in R)$何时为实数，何时为虚数？何时为纯虚数？ 练习3：复数$z=m^2+m-2+(m^2-1)i,(m\in R)$何时为实数，何时为虚数？何时为纯虚数？	3．通过例题和练习巩固学生对复数概念的理解，深化学生对复数的认识，尤其是复数与之前数系的联系。 4．在整个过程中，教师巡堂，对于一些格式上的错误，要立即纠正，督促学生养成严谨细致的好习惯。

（续表）

教学内容	教师活动	德育目标
新授课：复数的大小问题与相等条件	解决问题：复数是否也像实数一样可以比较大小？	
	教师讲解，并启发学生理解“i”的意义： （1）单位角度理解（理解i的本质）。类似于力的单位是N，这样自然可以理解虚数不能和实数比较大小。就像力学单位N，与能量单位J一样无可比性。 （2）方向角度理解（思考角度拓展）。负数可以看成实数轴的负方向，而虚数单位“i”可以看作是实数轴的侧方向。 （3）基底的角度理解（可以为后面的几何意义做伏笔）。可以将1，i视为复数的一组基底，则任何一个复数都可以在此基底上分解，而分解系数就为实部、虚部。这也是复平面的建立根据。	1．考查学生对于虚数单位“i”的理解。 2．通过学生的问题引出对“i”的理解，实际上就是在培养学生质疑的精神。 3．学生提出问题，本身也体现了学生的创造性。
	两个结论： （1）只有实数才能比较大小。 （2）复数相等的充要条件为实部相等且虚部相等。 例题及练习： 例2：使不等式 $m^2-(m^2-3m)i<(m^2-4m+3)i+10$ 成立的实数m的取值范围。 例3：如果 $(x+y)+(y-1)i=(2x+3y)+(2y+1)i$， 求实数$x, y$的值。	4．通过练习巩固知识，并及时点评。
课堂小结	（1）问题是数学发展的心脏。 （2）复数有关概念。 （3）复数与实数、虚数的关系。 （4）复数相等的条件。	理清思路，使课后复习做到有的放矢。
作业	统一练习+知识延伸：虚数的大小比较	知识点不难，故没必要分层作业。

【德育目标分析】

本节课通过介绍数系扩充史，构建数系扩充图，梳理实数、虚数、复数三者之间的关系，让学生建立新旧知识的联系，理解复数引入的必要性，为后续的学习打下基础。

在教学过程中，我们通过数学史等隐藏资源的挖掘、书写规范等细节指导，引导学生主动思考、深度学习，达成如下德育目标：

第一，好奇心是创新的源泉。卡尔丹诺在遇到方程不可解的时候，并没有就此放弃，而是受好奇心的驱使给出了连自己都难以接受的两个复根，为复数的发现指明了一条道路。我们必须保持旺盛的好奇心，敢于怀疑，勤于思考。

第二，执着与坚持是成功的必备条件。从复数的扩充历史中我们还发现，欧拉引入虚数单位“i”后，并没有因为外界的不理解而浅尝辄止，而是继续坚持研究，并得到一个非常漂亮的欧拉公式：$e^{i\pi}+1=0$。一个数学家不仅要靠智慧和勤奋发现真理，有时还需要勇气去坚持真理、深度思考。在平时的生活和学习中，遇到困难不能轻易放弃，要敢于直面问题，坚信能够并坚持将问题解决。

第三，事物的进步都是螺旋式的。数系的发展不是一帆风顺的，数学理论的建立也是逐渐完善的，复数的理论还在继续发展，复数的应用还在不断拓展。事实上，任何事物的发展都不是一帆风顺的，数学理论如此，社会进步如此，学习和生活也是如此。但是每一次的挫折都是为了下一次更大的进步。这种对挫折、对进步的理解有助于我们理解社会现象，提升我们对社会问题的思辨能力。

第四，规范的书写既体现严谨的做事风格，也展示与人交流的格局。书写规范不仅有助于学生养成严谨、细致的习惯，培养科学细致的精神，同时也可以体现学生对阅读者的尊重。书写本身还是一种与他人沟通交流的手段，书写规范是确保书写者意思不会被误解的基本保证。

例2　化学学科德育的思考与实践

化学与人们的生活息息相关，随着科学技术的日新月异，化学为人们的美好生活提供了各种新的可能。从改良农药化肥带来的食物高产，到各领域新型材料的研发使用；从高精尖实验仪器的更新，到药物研发难题的攻克；从全球环境问题治理的布局实施，到能源结构的优化和改进……化学已经成为人类认识世界和改变世界的有力武器。

作为高中化学教师，我们需要思考如何在日常教学过程中落实“立德树人，德育为先”的教育理念，在关注化学学科知识教学的同时，牢牢把握教育契机，深入挖掘德育素材，将德育教育放在首位，真正做到全员、全程、全方位育人。

1 化学学科德育的内容

化学学科德育需要以化学知识作为载体，而学科知识的学习必须建立在学生顺利完成学习理解、应用实践和迁移创新等学科认知活动和问题解决活动的基础上，所以，要想明确化学学科德育的内容，厘清化学学科核心素养是关键。

学科核心素养是学科育人价值的集中体现，是学生通过学科学习而逐步形成的正确价值观、必备品格和关键能力。高中化学学科核心素养是高中学生发展核心素养的重要组成部分，是学生综合素质的具体体现，反映了社会主义核心价值观下化学学科育人的基本要求，全面展现了化学课程学习对学生未来发展的重要价值。化学学科核心素养包括“宏观辨识与微观探析”“变化观念与平衡思想”“证据推理与模型认知”“科学探究与创新意识”“科学精神与社会责任”五个方面。

基于学生发展核心素养与化学学科核心素养，结合化学教材与教育教学实践，化学学科德育可以涵盖以下几方面的内容：哲学思想、科学精神、生命伦理、社会责任、爱国情怀。

1.1 哲学思想

哲学是以世界整体作为研究对象，以发现世界的一般规定和规律、确立系统化的世界观和方法论作为基本任务的一门社会科学，是人类认识世界的社会实践活动，是社会常识的具体存在和表现形式。作为自然科学的重要分支，化学世界中的各

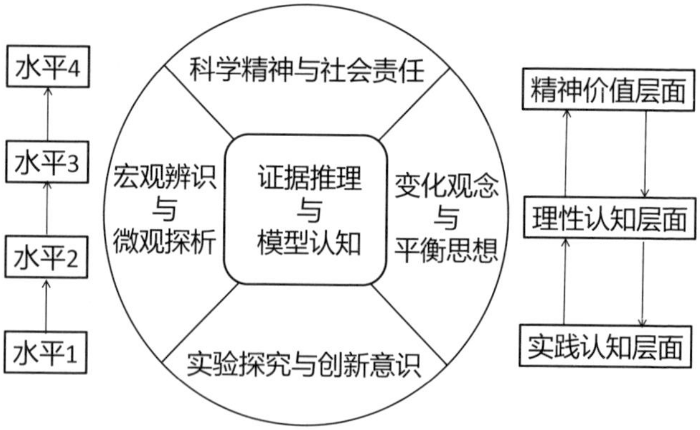

化学学科核心素养结构

种现象和规律，从物质的组成、结构到性质的变化规律，都与辩证唯物主义有着密切的联系。

（1）普遍联系和永恒运动的物质观

辩证唯物主义认为世界是物质的，物质本身具有客观存在性，它可以通过人的大脑认知整合成知识，因此我们所学的知识都是以物质为基础的。而物质是由什么构成的？化学从微观角度给出解释，认为物质是由分子、原子、离子以及更小的微观粒子组成的。同时，化学还为我们认识物质世界搭建了一座由宏观到微观的桥梁。在元素化合物相关知识的学习过程中，针对每一种新物质的学习，可以从观察颜色、状态、气味等物理性质入手，再结合生活中的熟悉情境剖析其性质应用，进而深入研究该物质的元素组成及微观结构。

在化学中，结构决定性质，性质决定用途，这也体现了事物本质与现象的相互关系。对于“物质的分类”这一化学内容，可以引导学生从物质本质与现象的不同角度对纷繁多样的物质展开分类，使类别成为学生认识和掌握物质通性的有力手段。

（2）矛盾的对立与统一规律

辩证唯物主义主张“事物都是一分为二的”，揭示了事物发展的根本原因在于事物内部的矛盾性，事物矛盾双方既统一又斗争，促使事物不断地由低级向高级发展。其对立性指矛盾的双方具有相互排斥的性质或相互分离的趋势；而统一性既指矛盾的双方相互依赖、共存一体，又表明对立双方之间相互影响，甚至在一定条件下可以相互转化。比如，氧化还原反应以及酸、碱概念的建立等。

在这种对立的关系中，事物最终会达到一种“共识”，对立的双方能够在矛盾中共生，这种共识一般以“守恒”和“平衡”的形式达成。这种对立与统一的思想，很容易让学生迁移到认识自我和完善自我。学会像利用外界条件改变化学平衡的移动一样，利用自我控制机制，调节自身的品质特点，修炼身心，把控好做人做事的尺度，是每个学生成为全面发展的人的必修课。

（3）质量互变规律

质量互变规律是自然、社会和思维发展的普遍规律，也是唯物辩证法三个基本规律之一。量变是事物数量上的增减，是一种不显著的、非根本性的变化；质变是事物根本性质的变化，是突变、飞跃。量变是质变的准备，质变为新的量变开辟道路。量变超过一定限度必然引起质变，使旧质变为新质，然后在新质基础上又开始新的量变。新的量变超过一定限度又引起新的质变，如此往复不已，推动事物不断向前发展。

高中化学部分，量变积累引起质变的例子有很多，比如，溶洞的形成诠释了何为“水滴石穿”，金属的腐蚀、皮肤的衰老等缓慢氧化的过程更是化学反应捕捉时间的证据。学生每天的学习都是在为成为更好的自己做积累，当遇到困境的时候，尤其是努力了很久没有明显收效时，持之以恒和不畏挑战才是最佳选择，每一次挫折都是在为实现蜕变而积蓄经验和力量。这种从自然科学到人文素养的迁移，对提升学生的学习品质意义深远。

（4）实践是检验认识的唯一标准

实践是辩证唯物主义认识论首要的基本观点，该观点认为是实践使人类有了认知能力，离开了实践人类既无法感知事物的现象也无法理解事物的本质，实践是检验认识是否具有真理性的唯一标准。化学史上，不乏利用实践证实认识真理性的故事。比如，门捷列夫根据原子量的变化制定了元素周期表，有人赞同，有人怀疑，争论不休。尔后，人们根据元素周期表发现了几种元素，它们的化学特性刚好符合元素周期表的预测。这样，元素周期表才被证实了。

化学是一门以实验为基础的科学，所有结论的最终确定，都需要化学实验进行验证。化学实验是化学教学中学生获取化学经验知识和检验化学知识的重要途径，是提高学生科学素质的重要内容和方式。生活中，学生也必须有科学实验所需要的发现问题、提出方案、进行尝试、总结反思的闭环思维能力。在思考中行动，在求证中反思，是学生提升思维力和执行力的最佳方式。

1.2 科学精神

科学精神是学生发展核心素养中“文化基础”素养的重要组成部分，包含“理性思维”“批判质疑”和“勇于探究”三方面内容。高中学段的化学是对化学原理、化学思维、化学应用、实验探究的学习，时刻渗透科学精神，旨在全面提高学生分析问题、解决问题和反思问题的能力，塑造优秀学习品质。同时，从个人发展层面来说，人生是一场终身学习的旅程，这些科学精神品质对于学生获得人生幸福至关重要。

（1）理性思维

证据推理实际上是结合“证据”的“推理”过程。在化学学习中，“证据”包含了学生需要掌握的物质的基本结构、性质、实验现象和数据等事实，还涵盖了给定资料的信息等内容。“推理”一般有归纳推理、演绎推理和类比推理三种形式。在教学中，学生在面对新情境，尤其是当给定信息与已经掌握的某些知识不相符时，经常会被已经学过的知识或做过的题目所干扰，发出“这是什么神奇的题目”或“怎么可能这样”的感慨，实际上，这就是学生陷入了“经验主义”的固化思维误区或者产生了怠于思考的畏难情绪。因此，教师需要在日常教学中多引导学生不要想当然，要用事实说话。只有用化学实验的思维体系搜集证据，进行推理，才能够把复杂的情境转化成熟悉的化学问题，从而严谨有序地解决问题。

模型认知指通过分析、推理等方法认识研究对象的本质特征、构成要素及其相互关系，建立模型，并运用模型解释化学现象，揭示现象的本质和规律。这种模型认知素养，其实也是一种流程概念和迁移能力的基础，面对生活中纷繁复杂的人际关系和事件，如果不能形成自己稳定的价值观和处世原则，并将之作为模型，则无法将成功的生活经验进行复制运用，学生很容易深陷各种负面情绪内耗中难以自拔。

（2）批判质疑

批判性思维是一种理性的、自主性的、创新性的思维，能使人们在信息的海洋里保持理性的思考并做出正确的判断。当今社会是一个信息爆炸的社会，人们每天被来自网络和现实的各种信息轰炸，人的思想好像一艘帆船，如果不能对接收到的信息进行分辨处理，那么随便什么信息的风都可以改变帆船航行的方向，人就会感到迷茫甚至离自己的目标越来越远，导致大脑陷入不断刷新信息、不断被信息充斥的惰性循环中。此外，批判性思维还是创新能力发展的根基，要有主动的思考，才能生发新的灵感，激发学生的创造力。

我国学者武宏志对批判性思维技能和批判性思维倾向所包含的维度进行了详细的解释。批判性思维包含说明、解释、评估、分析、推论、自校准六个技能。深入分析这六个技能不难发现，批判性思维的关键在于学生要有足够的主观能动性，能够对已有的信息进行分析，有自己的主张和观点，可以搜集素材并条理清晰地表达和捍卫自己的观点，当发现自己的主张不够完善时，能够取长补短进行自我反思和完善。

要想系统性地培养学生的批判性思维，教师要有意识地给学生创造主动思考和自主表达的机会，关键是让学生的思想“动”起来。一般来说，学生思维出现卡点的时候是学生思维获得发展和突破的契机，可以借助问题串的形式创造认知冲突。

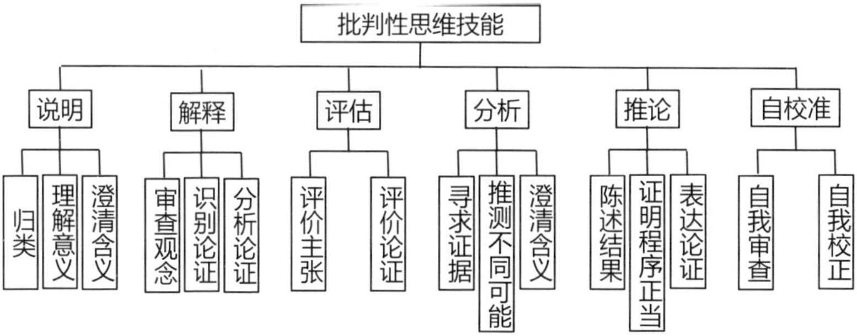

批判性思维技能示意图

（3）勇于探究

近年来，拔尖创新人才培养是教育领域深入探索的重点方向，在高中学段，要想发展学生的创新能力，就要想办法结合日常教学的各个环节，在激发学生主观能动性的前提下，采用以项目或者问题为驱动的探究学习方案，培养学生勇于探究的核心素养。化学是以实验为基础的科学，神奇的实验现象、深入的反应原理、变化多端的化学反应，无疑为学生提供了丰富的探究资源。

学生在各种各样的实验探究和理论分析过程中，逐渐养成了很强的逻辑分析能力。由于在真实实验过程中会有很多意想不到的实验现象，在教师的帮助和引导下，学生往往可以加深对理论知识的学习，因此，学生在面对各种新情境的理论问题时，就会更懂得抓住问题的关键，逐渐获取科研工作者所应具备的严谨、质疑和坚持等优秀品质。

（4）合作精神

生命是一场巨大的合力，没有人可以完全不依赖任何事物而存在于这个世界，学会与他人合作，并且要善于与他人合作，是学生学习和发展的必修课。一些能力较强的学生，很容易产生“独行侠”的快感，但是，谦逊而平等地向他人学习，才是达到比较高的人生高度、走向知识巅峰的正确路径。

这种合作，包括站在巨人的肩膀上向前人学习，阅读他人的著作就是与作者进行深入交流；这种合作，涵盖学生从小到大的课堂教学，听课是在老师的帮助下获得新知识的最高效的途径；这种合作，还体现在与同伴的交流与讨论中，在群体中与思维发展接近的个体相互答疑解惑以共同获得突破，是没有输家的共赢。

1.3 生命伦理

人的生命由生物性、社会性、心理性三个方面的要素构成，是三者的统一。化学实验教学直观高效，可以通过科学现象给学生以强烈的视觉冲击，进而引领学生透过现象看本质，激发学习兴趣，深入思考，提高实践探索能力。然而，化学实验也存在一定程度的危险性，若操作不当，很容易引起实验事故。近些年来，各高校化学实验安全事故的惨痛新闻数见不鲜，也侧面说明了学生对于生命安全意识的淡薄。由此可见，抓住化学实验的契机，适当开展生命教育至关重要。

在这个高速发展的时代，各行各业的竞争都异常激烈。学生虽然尚未真正步入社会，但也能真真切切地感知到来自分数、升学、家长等多方面的压力。青春期的孩子心理通常比较脆弱敏感，在重重压力之下，如果未能及时地给予引导和教育，很容易出现伤害他人、自残自杀等极端问题。因此，感恩教育、生命责任感教育至关重要，在化学教育中渗透生命伦理的相关教育迫在眉睫。

1.4 社会责任

化学学科具有实践性和应用性的特点，必然在社会责任的担当层面具有不可替代的重要作用。《普通高中化学课程标准（2017年版）》基于化学学科本质和学科育人价值凝练了五条化学学科核心素养，其中第五条为“科学态度与社会责任”。

其中“社会责任”素养即认识化学对社会发展的贡献和责任，主要体现在“具有安全意识；深刻认识化学对创造更多物质财富和精神财富、满足人民日益增长的美好生活需要的重大贡献；具有节约资源、保护环境的可持续发展意识，从自身做起，形成简约适度、绿色低碳的生活方式；能对与化学有关的社会热点问题作出正确的价值判断，能参与有关化学问题的社会实践活动”。

1.5 爱国情怀

1935年，在中华民族危急存亡之际，著名教育家张伯苓在南开大学开学典礼上问了三个问题：“你是中国人吗？你爱中国吗？你愿意中国好吗？”这在当时振奋了师生爱国斗志。习近平总书记指出，这是历史之问，更是时代之问、未来之问。

2019年9月27日，习近平总书记在全国民族团结进步表彰大会上指出，要把加强青少年的爱国主义教育摆在更加突出的位置，把爱我中华的种子埋入每个孩子的心灵深处。

高中时期，正是青少年人生观和价值观形成的关键时期，在这个信息爆炸的社会，加强爱国主义教育，既有赖于系统的团会课和思想政治课等形式，也需要所有学科的教师从“立德树人”这一根本教育任务出发，以身作则的同时，充分挖掘学科素材，浸润爱国主义教育，这也是化学学科素养的基本要求。

2 化学学科德育策略与路径

基于“三全育人”的全方位育人原则，化学学科德育如果要落到实处，教师就必须在教育过程中注重素材的挖掘，寻求良好的实施时机，在实践中不断渗透和浸润化学学科德育，最终实现“立德树人”的教育目标。

2.1 善用教材资料，构建化学学科德育基石

教师的主要阵地是课堂教学，上好每一节课是落实教学目的和达到育人价值的最有力手段。教材是课堂教学的最主要素材，合理使用教材中的案例和情境，挖掘学科德育的契机，是构建化学学科德育体系的基石。

化学是一门以实验为基础的科学，在教学过程中，教师要注重尽可能多地安排学生实验，学生对亲自体会和感受过的知识理解得会更加深刻。在做实验的过程中，教师也要关注典型实验现象的总结，本着求真的科学态度，带领学生探索真实的科研过程。

2.2 结合化学史料，丰富化学学科德育素材

化学史是真实的科学发展历程，呈现了真实的化学思维发展过程，科学家们为解决所处时代的科学难题，利用自己的逻辑思维和当时的科研手段，不断地为了人类的发展进行着积极的探索。学生都是喜欢听故事的，这些化学史故事，在增加课堂的趣味性的同时，也提供了丰富的德育素材。

从当下的视角纵观化学史，可以引导学生站在发展的角度看待自己学习的意义，激发社会责任感。科学家们的个人发展史，也往往融合着浓厚的爱国精神、奉献精神和科学精神，对学生当下的学习，具有很好的教育意义。

2.3 精选题目信息，优化化学学科德育评价

化学是一门与生活息息相关的学科，精选合适的题目情境，能够让学生更好地理解知识间的脉络联系，体会化学在生活中的具体应用形式，了解化学如何为人类社会和生活服务，

从而更好地在当下的学习与未来的生活之间建立起联系。教师带着学科德育的目的创设情境，会让学生习得的化学知识活起来，做到学有所得和学有所用。

真实题目情境最典型的代表，就是化学工业流程题。这类题目一般来源于真实的工业生产情境，要求学生具备完善的思维体系，能够在有效提取信息的前提下，推断整个流程的除杂或生产路径；其通常会结合绿色化学等理念，要求学生全面考虑生产安全、环境保护、资源循环利用、对设备的保护和合理提高生产率等方面。

2.4 利用学科交叉，开拓化学学科德育渠道

很多化学原理涉及深刻的哲学思想，也和心理学等有很多相通之处，当学生遇到一些具体的思想困扰和学习困境时，将化学原理作为模型加以利用，可以帮助学生理解当下的情境，做出正确的选择。

这种学科交叉的案例还有很多。比如，电子的跃迁和脑科学结合，可以阐述清楚爬行脑、情绪脑和大脑皮层之间的关系，帮助学生理解和控制自己的情绪，从而更好地掌控自己的身体。比如，将熵增定律和群体心理学结合，可以引导学生明白群体和个体如果没有规则和自律，自发方向的混乱度会增大，从而更好地理解规则的利与弊。只要教师们能够多注重总结个人的生活经验，加强理论学习，就会探索出很多化学与各个学科交叉的案例，帮助学生在学好化学的同时，增长人生智慧，为德育加分。

2.5 开展学生活动，营造化学学科德育氛围

高中学生是非常有创造性的群体，除了理论方面的学习，动手实践是生成智慧和积累经验的重要途径，教师如果可以及时抓住机会组织学生开展活动，给学生展示自己想法和创意的舞台，学生就会主动将理论所学与实践联系起来，这种积极的活动氛围，有助于化学学科德育的生成。

研究性学习课程中，教师可以指导学生选择与生活相关的化学小课题作为研究内容，将化学学习情境迁移到真实的生活中去。学生运用化学原理解决感兴趣的问题，不仅可以激发学习兴趣，还可以体验科学家研究的整个过程。生活中处处都是化学，给学生行动的机会，学生就会更深刻地体会到知识与生活的联系，产生更多的学习动力，拥有更强的主观能动性。

2.6 教师专业提升，助力化学学科德育发展

在信息爆炸的时代，新事物层出不穷，教师要与时俱进，才有机会走进学生的精神世界，用自己的生命能量引起学生能量的共振，给学生积极的影响。教师的工作绝对不只是循环重复地教授课本知识，知识是在发展的，教师的知识体系和观念也要不断提升和扩充，才能不断满足学生成长的需要。

积极参加教育教研活动、聆听专家讲座、阅读专业书籍、多上公开课等，都是提升专业技能的好方式。求真的科学态度、良好的学习习惯、正确的道德观和人生观，都要靠教师在一言一行中润物无声地传授给学生。

3 化学学科德育案例分析：酸碱中和滴定

【教学目标分析】

知识目标：了解酸碱中和滴定的原理，掌握滴定操作，学会分析滴定曲线。

能力目标：培养学生专注钻研、勤于观察的好习惯，培养学生严谨求实的科学态度和敢于探究的化学素养。

情感目标：观察滴定过程中颜色的突变，体会化学之美；在实验中感知量变带来的质变，在日常的生活中养成锲而不舍、持之以恒的品质。

【教学过程】

教师活动	学生活动	德育目标
【引入】通过之前的学习，我们已经掌握了配制一定物质的量浓度的溶液的方法。现在如果给你一瓶未知浓度的溶液，例如盐酸溶液，如何测定其准确浓度呢？	倾听，思考并回答：可以先取一定体积已知浓度的碱溶液，再通过中和反应测定酸溶液的浓度。	引入本课教学目标，激发学生的学习兴趣。
这堂课我们就来共同学习酸碱中和滴定的原理和操作。 酸碱中和滴定：用已知物质的量浓度的酸（或碱）来测定未知浓度碱（或酸）物质的量浓度的方法。 请同学们写出中和反应的实质。	倾听、思考， 并书写离子方程式： $H^+ + OH^- = H_2O$	帮助学生从离子反应的角度理解酸碱中和反应。
【原理】对于一元酸碱，恰好反应（达到终点）时，n（酸）$=n$（碱） 即c（待测）$=c$（标准）$\cdot V$（标准）$/V$（待测） 设问：中和滴定实验成功的关键是什么？	思考并回答： a.如何准确测定参加反应的酸、碱溶液的体积； b.如何选取适当指示剂； c.如何准确判断滴定终点。	引导学生勤于思考，将抽象的原理转化为具象的实验操作。

（续表）

<table>
<tr><th>教师活动</th><th>学生活动</th><th>德育目标</th></tr>
<tr><td>【介绍仪器用法】酸式滴定管、碱式滴定管
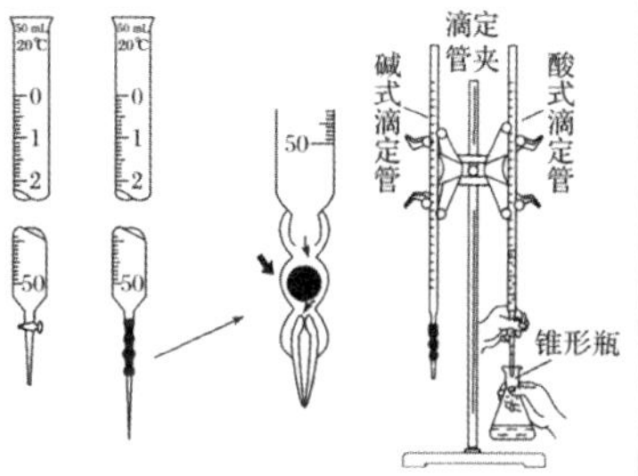

【PPT展示】常用酸碱指示剂变色范围
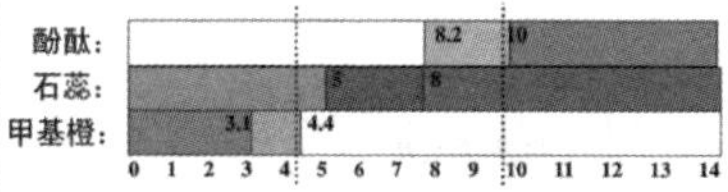

（颜色从左到右分别为：
第一行：无色、浅红色、红色
第二行：红色、紫色、蓝色
第三行：红色、橙色、黄色）

【设问】如何选择指示剂？</td><td>回答：指示剂变色要明显，石蕊不行。</td><td>用颜色带来直观的视觉冲击，加深理解与体会。</td></tr>
<tr><td>【追问】从图片中pH可以看出，指示剂变色时溶液pH并不是7，那么我们能否用指示剂来判断中和滴定反应的终点呢？是否存在误差？我们可以一起来探究一下！
【演示实验】向20.00mL、0.1mol/L的HCl溶液中滴加0.1mol/L的NaOH溶液，通过pH传感器和数据采集系统记录滴定反应过程中溶液pH变化，进而绘制滴定曲线。</td><td>观察、体会、思考。</td><td>通过设问追问，引出矛盾点，激发学生的创新思维，培养学生分析问题、解决问题的能力。</td></tr>
</table>

（续表）

<table>
<tr><th>教师活动</th><th>学生活动</th><th>德育目标</th></tr>
<tr><td>【PPT展示并设问】根据相关实验数据与滴定曲线，我们可以获悉哪些信息？
<table>
<tr><td>加NaOH(mL)</td><td>0.00</td><td>18.00</td><td>19.80</td><td>19.98</td><td>20.00</td></tr>
<tr><td>溶液pH</td><td>1.0</td><td>2.3</td><td>3.3</td><td>4.3</td><td>7.0</td></tr>
<tr><td>加NaOH(mL)</td><td>20.02</td><td>20.20</td><td>22.00</td><td>30.00</td><td></td></tr>
<tr><td>溶液pH</td><td>9.7</td><td>10.7</td><td>11.7</td><td>12.3</td><td></td></tr>
</table>
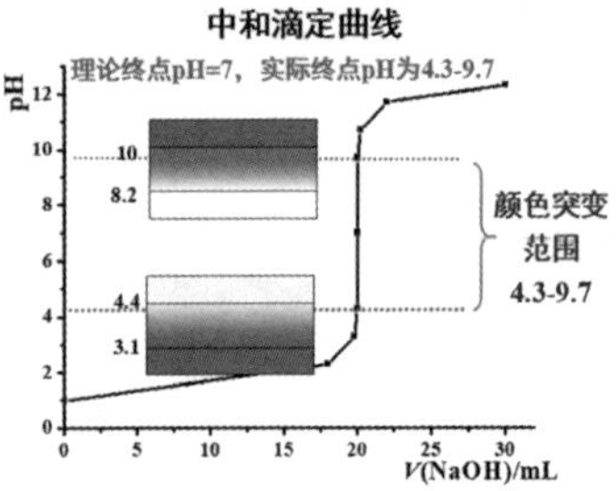

</td><td>分析数据图表，分组讨论滴定过程中的变化趋势。

学生代表总结回答：
a.当滴加的NaOH达到19.98mL时，溶液的pH从1.0增加到4.3，pH变化较小；
b.但再向溶液中滴加0.04mL（约半滴）NaOH，溶液的pH直接由4.3突变到9.7，pH变化较大；
c.继续滴加NaOH达到30.00mL，pH变化不大。</td><td>通过实验演示，让学生更加直观地理解滴定的过程。
通过展示图表，培养学生分析数据的能力。
通过分组讨论，培养学生团结协作的意识。</td></tr>
<tr><td>【延伸强化】在接近终点时，加入少量的酸或碱（约半滴），也可能使溶液的pH发生突变，实现从酸到碱的质变。半滴溶液相对于滴加的总量来说，误差很小，因此可以用指示剂来判定反应的终点，强酸和强碱的滴定反应通常用甲基橙或酚酞。</td><td>倾听、理解、记录。</td><td rowspan="2">通过演示实验，向学生讲授量变带来质变的道理，借此契机开展德育，激励学生在日常的生活中养成锲而不舍、持之以恒的品质。</td></tr>
<tr><td>【德育渗透】同学们，在我们日常的学习和生活中，往往会因为长期的努力没有及时得到心中期待的回报而灰心丧气，满腹挫败。但请大家相信，当你感到最困难的时候，往往就是离成功最近的时候！在滴定突跃前，pH变化虽然不明显，却一直在变化，每一滴溶液都有意义，量的积累到一定程度才会有质的飞跃！你每一天的努力都有意义，谁能坚持到最后，谁就能取得胜利！</td><td>体会、反思自己的学习状态；将化学知识融入日常生活，感受化学学科的魅力所在。</td></tr>
</table>

（续表）

教师活动	学生活动	德育目标
【学生实验】下面请大家选择合适的指示剂，用0.100 0 mol/L的NaOH溶液滴定20.00 mL未知浓度的盐酸溶液，全程仔细观察实验现象，并记录实验数据，计算盐酸溶液的物质的量浓度。 步骤： 滴定管：查漏→洗涤→润洗→装液→排气泡→调液面→记录； 锥形瓶：注酸液→记体积→加指示剂； 滴定：左手滴加NaOH溶液，右手摇动锥形瓶，眼睛注视锥形瓶内溶液颜色变化。 终点判断： 等到滴入最后一滴标准液，指示剂变色且在半分钟内不恢复原来的颜色，视为滴定终点并记录标准液的体积。 重复操作2—3次，取平均值计算盐酸的浓度。 c（酸）$=c$（碱）$\cdot V$（碱）$/V$（酸） 【课堂小结】酸碱中和滴定是一种常用的定量分析方法，请大家课后思考实验操作中可能带来的误差有哪些？我们下节课再一起研究与讨论！	a.严格按照实验步骤操作，滴定操作“先快后慢”，滴加试剂时要时刻关注锥形瓶中颜色的变化； b.及时记录实验数据； c.重复实验操作； d.数据处理与计算。	培养学生勤于观察、严谨求实的科学态度和实验探究的化学核心素养。 通过观察滴定过程中颜色的突变，引导学生体会化学之美。

【德育目标分析】

本节课在进行化学学科知识传授的同时，恰如其分地开展了德育教学：

透过现象看本质。本课旨在让学生了解酸碱中和滴定的原理、掌握滴定操作、学会分析滴定曲线，通过演示实验给出直观的数据和图表，为学生深入理解抽象的概念“滴定突跃”搭建平台，培养学生分析数据的能力，使学生能够透过图形表象理解化学原理本质。

量变积累引起质变。在滴定曲线分析的过程中，滴定突变的理解是教学的重点和难点，也是引导学生思考量变积累引起质变的最佳契机，教师可以借机激励学生在学习中养成持之以恒的优秀学习品质。

敢于探究和严谨求实。化学是一门以实验为基础的科学，在化学实验的过程中，学生要敢于提出自己的疑问，并针对不符合预期的实验现象进行探究，如实记录实验数据，对意外数据的大胆讨论和解释，是推进思维发展的关键。

分组讨论促合作。学生个体的思维具有局限性，在集体中共同学习是学生提升自我的良好途径，为学生学会合作共赢提供了平台和机会。

第二章
全程育人的探索与实践

教育大计，德育为先。青少年是国家和民族的未来和希望，年轻一代的思想道德文化修养，直接关系到国民素质的整体情况。德育工作处于学校教育工作的第一位，是实施素质教育的重要环节，是学生实现全面发展的主要和决定性因素。中学的德育工作，应时刻坚持立德树人这一根本任务，勇立时代潮头，教育学生怀爱国之心、负兴国之责；应立足于学校特色，建立德育评价体系，引领学生德智体美劳全面发展，为社会主义现代化建设培养有理想、有道德、有担当的时代新人。

学校德育是一个系统性强、过程完整的整体，小学、初中、高中各学段的德育之间既表现出一定的差异性，又呈现互相影响、彼此相关等关系特征。总的来说，小学、初中、高中各学段的德育既是独立的，也是连续的、整体的，是辩证统一的存在。不同学段的德育工作在具体内容、教育重点和教育目标上，有明显不同，而且德育本身也具有一定的系统性和复杂性，没有固定的公式定理和框架模板。

高中生大多未成年，培养他们形成正确的道德观念和养成良好的行为习惯，是学校教育阶段的首要任务。德育工作应该围绕学生的生活和学习，从小处着手，贯穿整个中学阶段，将校内外德育连通起来，实现全程育人，让德育工作出现在学生生活的每一处，让学生能够在奋斗的岁月里轻松快乐地学习，同时形成良好的道德习惯和高尚的情操。

第一节
通过初高中德育一体化实现全程育人

《中小学德育工作指南》要求，德育工作的开展要符合中小学生年龄特点、认知规律和教育规律，注重学段衔接和知行统一。初中和高中的培养目标各有侧重点，初中侧重于“习惯养成”，而高中则侧重于“价值观的形成”，但是两者的总体培养目标是一致的，就是“培养学生爱党爱国爱人民，增强国家意识和社会责任意识，教育学生理解、认同和拥护国家政治制度，了解中华优秀传统文化和革命文化、社会主义先进文化，增强中国特色社会主义道路自信、理论自信、制度自信、文化自信，引导学生准确理解和把握社会主义核心价值观的深刻内涵和实践要求，养成良好政治素质、道德品质、法治意识和行为习惯，形成积极健康的人格和良好心理品质，促进学生核心素养提升和全面发展，为学生一生成长奠定坚实的思想基础”。因此，为了更好落实“立德树人”的根本教育任务，实现全员、全程、全方位育人，初高中一体化概念应运而生，并不断被认可、普及，中学阶段越来越重视初高中德育一体化体系构建，尤其在十二年一贯制学校，初高中德育一体化凝结了学校对办学经验的总结与对培养模式的思考。

一、初高中德育一体化的顶层设计

初高中德育衔接的探索，首先基于初高中德育一体化体系的构建。随着社会的发展和教育改革的深入，学校德育工作愈发受到重视。为了更好地促使学生德、智、体、美、劳等素质全面发展，提高学生的道德修养和社会责任感，初高中德育一体化管理成了学校德育工作的重要内容。初高中德育一体化管理指将德育工作融入学校的各个方面以全面提高学生德育水平的管理方式，其通过学校的整体规划、教师团队的协作配合、学生主体的共参与，促进学校德育工作有效开展。

根据中学生的身心发展特点，结合《普通高中学生发展指导纲要（试行）》，借鉴《普通高中学生发展指导研究》，学校应从实际出发，立足学校办学传统、文化积淀、师生特点以及现有办学条件等实际要素，科学制定适合本校学情的德育工作重点，以育人为本、促进学生全面发展。因此，在活动组织、课程设置、生涯规划、师资储备及条件保障等方面，都应该有整体规划。

二、初高中德育一体化的条件保障

（一）制度保障

学校要从顶层设计出发，把初高中德育一体化建设纳入学校的日常工作，同时由校级领导牵头，学生发展指导中心统等，完善和健全学生管理制度、德育组织机构和初高中的德育整体发展规划，完善各项德育工作的流程分工，使德育工作常态化，创新德育途径和载体，努力形成统一共识、一以贯之、久久为功的工作长效机制，以保障德育工作有序进行。

（二）人员保证

逐步形成由学生发展指导中心（学生处/德育处）、团委指导，高中学生自主管理委员会、学生社团（名学长工作室、人才孵化中心）和家长委员会辅助的德育组织体系。学生发展指导中心（学生处/德育处）负责整体德育规划与学生生活指导、心理健康教育、生涯规划等，并开展大型德育活动；团委负责共青团活动、志愿服务、学生会和学生社团活动等。各年级建立完善的学生自主管理模式，切实落实全员育人制，加强德育队伍建设，充分发挥班主任在德育工作中骨干作用的同时，齐抓共管德育工作，推行“全员育人导师制”，从学习、生活、理想、实涯、学业等方面全方位指导与帮助学生。

（三）资源保证

除了学校组织上的重视，还需要学校资源的大力支持，才能有效落实初高中德育的一体化衔接，活动场地、师资配置、课程资源、经费保障等缺一不可。完善后勤服务，协同拓宽教育途径，提升现代化办学条件，丰富育人空间资源，才能为学生发展提供强有力的保障。

三、初高中德育一体化的组织与实施

很多学校拥有大量初高中德育衔接的素材，经过十几年的摸索，其为初中学生提前了解并更好地适应高中学习生活提供了有效帮助，从而探索出有助于初中学子适应高中生活、匹配高中节奏、助力高中升学的辅助机制。具体做法如下。

（一）暑假引领

1. 思想引导

初高中衔接的学生首先可能遇到多方面的困难，诸如思想懈怠、跟不上节奏、找不到方法、成绩大幅滑坡、心理失落、人际关系紧张、异性交往困惑等，这需要学生、家长同学校一起逐步解决。德育的预见性使学校可以在中考后的暑假便开始学生学习生活心理方面的衔接指引。

根据国家目前的招生政策，能考上普高的孩子，已经初步建立起了自我实现的需要，因此在这些孩子身上有三项内驱力值得去发掘，分别是认知内驱力、自我提高内驱力和附属内驱力。在中考后的暑假，学校可以利用高中新生报到的机会，集中全体学生召开“高中启程”见面会，在见面会上给家长们和准高一的学生们提供四面“镜子”，希望他们可以利用暑假这段时间，好好对照，以顺利完成初高中衔接。这四面“镜子”分别为：后视镜，要学会回头看，要多反思；显微镜，查找自己的不足；放大镜，发现自己所擅长、感兴趣或是有天赋的那一面，努力朝着这方面找更好的平台、机会，善于发现自己的优点；望远镜，执着于自己的理想，让青春之花在理想的照耀下尽情绽放。

根据《中小学心理健康教育指导纲要（2012年修订）》，中小学心理健康教育是提高中小学生心理素质、促进其身心健康和谐发展的教育，是进一步加强和改进中小学德育工作，全面推进素质教育的重要组成部分。其中高中年级的主要训练内容和目标包括："帮助学生确立正确的自我意识，树立人生理想和信念，形成正确的世界观、人生观和价值观；培养创新精神和创新能力，掌握学习策略，开发学习潜能，提高学习效率，积极应对考试压力，克服考试焦虑；正确认识自己的人际关系状况，培养人际沟通能力，促进人际间的积极情感反应和体验，正确对待和异性同伴的交往，知道友谊和爱情的界限；帮助学生进一步提高承受失败和应对挫折的能力，形成良好的意志品质；在充分了解自己的兴趣、能力、性格、特长和社会需要的基础上，确立自己的职业志向，培养职业道德意识，进行升学就业的选择和准备，培养担当意识和社会责任感。"明确了以上的工作目标与方向，学校就可以在暑假期间，在引导学生充分进行自我认知的基础上，有步骤、有计划地通过系列活动来加强学生初高中心理适应能力的衔接，从而培养高中生应具备的心理品质。

2. 行动指引

在初高中暑假衔接方面，目前做得最多的是职业体验。可以给准高一学生布置适当的社会职业体验任务，通过职业体验和社会体验来增加学生对未来选科规划和职业规划的了解。以下是某中学的暑假社会实践写实记录表。

××学校高中部暑假社会实践写实记录

<table>
<tr><td colspan="8">活动主题暑假职业体验表</td></tr>
<tr><td colspan="8">班别：_____ 姓名：________ 学年：_____ 学期：_____
活动时长：________</td></tr>
<tr><td colspan="2">参加人员</td><td colspan="6"></td></tr>
<tr><td colspan="2">角色</td><td colspan="6">□组织者 □小组负责人 □参与者 □其他</td></tr>
<tr><td colspan="2">体验职业的名称</td><td colspan="6"></td></tr>
<tr><td rowspan="7">职
业
资
讯</td><td rowspan="2">该职业的工作资料</td><td>工作场所</td><td></td><td>工作时间</td><td></td><td>薪资</td><td></td></tr>
<tr><td>加班情况</td><td></td><td>休假情况</td><td></td><td>福利</td><td></td></tr>
<tr><td rowspan="2">入职条件</td><td>学历要求</td><td colspan="2"></td><td>能力要求</td><td colspan="2"></td></tr>
<tr><td>人格特质要求</td><td colspan="2"></td><td>特殊条件限制</td><td colspan="2"></td></tr>
<tr><td colspan="2">该职业的人才供需状况</td><td colspan="5"></td></tr>
<tr><td colspan="2">该职业的发展展望</td><td colspan="5"></td></tr>
<tr><td colspan="2">学校哪些课对此职业有帮助</td><td colspan="5"></td></tr>
</table>

（续表）

<table>
<tr><td colspan="3">活动主题暑假职业体验表</td></tr>
<tr><td rowspan="3">生活经验</td><td>主要承担的工作任务</td><td></td></tr>
<tr><td>在职业体验中遇到的困难</td><td></td></tr>
<tr><td>职业体验中的成长情况</td><td></td></tr>
<tr><td>生涯经验</td><td>对自己未来的生涯发展有何影响</td><td></td></tr>
<tr><td>该职业一天的工作状况实录</td><td colspan="2"></td></tr>
<tr><td>职业体验后的心得与反思</td><td colspan="2"></td></tr>
<tr><td>实践单位意见</td><td colspan="2">负责人签名：　　　（盖章）
年　月　日</td></tr>
</table>

3. 学科指导

在暑假期间，学校除了须在心理上对学生做好引导，还要在学业上帮助学生提前做好高中学段的规划，进行适当的“超前学习”，如帮助学生提前熟悉高中教材，了解知识的深度和难度，了解初高中学科之间的难度差异与知识结构差异，提前知晓高中学习方法和学习能力素养的要求等。学有余力的同学可以通过教学资源平台，体验相关的课程，加深对初高中学科关联性的了解。说不定中考失利的同学，通过暑假的“弯道超车”，可以在高中学习上成功实现逆袭。

4. 健康指导

“身体是革命的本钱”，只有以健康的身体为保障，才能为高中学段紧张的学习提供体力上的储备。中考有升学的压力，学生普遍重视体育训练，可是考试一结束，学生就会一下子放松下来，甚至沉迷网络，整个暑假下来不仅出现身体素质上的断层，更有思想意识上的严重断层。因此，对学生进行暑假的健康指导就显得很有必要。如根据高中学段体育学科学业水平测试的要求，让学生在必选与任选项目中，发展自己的爱好与特长。又如某中学提前给学生布置“五个一”任务——学会一种技能、精通一门乐器、爱上一项体育、写得一手好字、读懂一本好书，通过这样的暑假“五个一”任务，潜移默化地培养学生的健康审美意趣和道德情操。

（二）家长领航

家庭是学生成长的第一所学校，要实现初高中德育的一体化，少不了协同教育的有效开展。如建立专兼结合的校家社协同育人机制，可邀请教师、家长和高校、科研机构、企业、社会、优秀毕业校友（大学生）等组成校内外导师队伍。又如共建“双师（校内教师与校外导师）”“三长（师长、家长与学长）”教育协作体，协同开展“家长领航团”、知名企业家挂职交流培训、企业研学实践、职业行业调查、职业人访谈、特色资源共享、心理健康指导等服务学生成长发展的课程。

（三）课程衔接

第一，要建立初高中德育一体化的专属组织机构，把这项工作整体纳入学校常态化的德育管理体系当中，形成共识。如完善各项德育工作的流程分工，成立学生成长发展指导中心（学生处/德育处）和团委指导下的学生自主管理委员会，组织各类学生社团，开展家长委员会等，加强德育队伍建设，完善和健全学生管理制度，切实落实全员全程育人。

第二，加强高中三年德育的整体规划，针对初高中衔接过程中常见的学生心理困扰编制具体的课程规划，并落实到实际教育过程中。如高一年级第一学期开展的班会课当中，可以增加“高中我来了”“从容面对学习新起点”“正确认识我自己”“结交新朋友”“爱的集体”“发现多面的我”“找到适合自己的学习方法”“建立真正的自信”“了解你的考试焦虑”“学会选择”等有助于学生快速适应高中学习生活的话题。而九年级第二学期，老师也可以在课堂上适当增添诸如“我向往的高中生活”“生涯发展早规划”“用你的追求定义自己”“长大从独立自主开始”等话题，引导学生树立恰当的升学追求，在心理上和行动中逐渐向高中过渡。

第三，创新初高中德育一体化实施路径。如某中学在原有生涯规划指导经验基础上，进一步立足生涯指导、生活指导、学业指导、理想指导以及心理指导，形成“课程引领—项目活动—课外辅导”三个维度的生涯发展指导实施路径，通过导师制、学长制建设，整体构筑“生涯魔方”学生生涯发展指导体系，全方位助力学生成长发展，提升个性化、差异化育人水平，促进学生综合素质发展。

生涯指导方面，可针对学生的身心发展特征，开展生命教育、生涯规划等方面的指导，生涯发展课程与活动要结合学段学业要求与学生发展需求，配置充足的课时与活动时间，在各年段分层次实施，梯度上升：高一以启蒙生涯意识、普及生涯发展知识为主；高二以进一步探索与体验、体会为主，旨在形成感官经验，促进思考与经验整合；高三主要是为升学和报考做准备。

生活指导方面，可针对学生的身心发展特征，开展指导学生自我发展、保持身心健康、发展人际交往与问题解决能力的相关课程，以助力他们尽快适应高中生活。

心理指导方面，可针对学生的心理发展特点和人格成长规律，开展自我发展、人际交往、身心健康、生活适应的系列指引。

第四，要有具体可实施的课程规划。要建立健全选课走班机制，注重教学组织管理改革创新，建立“2.5+3.5先修课程”体系等，在课程、活动、辅导三个维度开展切实可行的初高中德育一体化项目。如某高中围绕“学生学业发展指导”的特色发展项目，提出了“双高”行动方案，即初中与高中对接、高中与高校对接，与高水平行业特色高校或高校高水平学科专业进行合作，在促进学生个性潜力激发、师资培养培训、科研等方面实现一定合作。具体做法是高中与高校结对子，开展游学、夏令营、实验室探索、社团融合教育、先修课程等，告别传统的逛校园和简单的学校介绍模式，而是让初中学生实实在在地参与高中生、大学生的实习和项目研究，让初高中学生尽快明确成长方向。

第五，建立大数据支持下的学生成长档案，记录学生初高中成长发展的具体情况，制定学生个性潜能的三年培育规划，推动学生综合素质评价体系的改革与完善，真正落实因材施教。既有初中部又有高中部的完全中学，具备建立“学生成长档案”先天优势。新老班主任之间可以根据学生的实际情况，进行信息衔接和任务交接，这在一定程度上可以缩短新班主任熟悉学生的时间，并加快对班级学生管理难度的摸排，从而快速确定管理策略。

（四）师资配备

在普通高中开展初高中学生生涯衔接发展指导工作过程中，还需要一支懂生涯发展、懂学生心理、懂指导技术的专业师资团队作为先锋队伍。专业团队的引领，可以让更多的学科教师参与到学生生涯发展指导工作体系中，从而构建起新型高中学生生涯发展指导平台，为学生提供更加有效的生涯发展指导支持。因此，大力优化教师队伍，全面提高教师专业化素质，优化教师考核评价和激励机制，以一支师德高尚、业务精湛、结构合理、充满活力的教师队伍为发展依托，切实落实学校的整体发展规划并持之以恒地执行、反馈与改进，才能真正落实初高中德育一体化的有效衔接。

四、初高中德育一体化探索与案例研究

（一）初高中德育一体化探索之劳动教育

1. 活动背景

2018年9月10日，习近平总书记在全国教育大会上明确提出，要在学生中弘扬劳动精神，教育引导学生崇尚劳动、尊重劳动，懂得劳动最光荣、劳动最崇高、劳动最伟大、劳动最美丽的道理，长大后能够辛勤劳动、诚实劳动、创造性劳动。《普通高中课程方案（2017年版2020年修订）》也明确规定，劳动为国家课程，在整个高中学段必修学分有6分，其中志愿服务2学分，在课外时间进行，三年共完成不少于40个小时的志愿服务，其余4学分内容与通用技术的选择性必修内容以及校本课程内容统筹。由此可见，劳动技术课是普通高中教育阶段的一门重要必修课程，是学校对学生实施劳动习惯培养、劳动品质培养、劳动技术教育的重要课程之一。开设这门课，是学校全面贯彻“五育并举”教育方针、落实教育与生产劳动相结合的重要措施，对于培养和提高社会主义现代化建设所需要的各类人才的素质，具有重要的意义。

2. 活动目的

在初中义务教育阶段的劳动技术课基础上，继续培养和提高学生的动手能力，使学生在高中学段养成现代社会生产、生活所必需的一些基础知识和基本技能，具备初步的设计和创新能力，可为他们进一步学习和掌握有关的劳动技术奠定基础。

3. 培养方向

培养学生基本的劳动技能和劳动习惯。重点是以丰富开放的劳动项目为载体，有目的、有计划地组织学生参与日常生活劳动、生产劳动和服务性劳动，让学生动手实践、出力流汗，接受锻炼、磨炼意志，从而掌握基本的劳动技能；让学生在实际参与的过程中养成热爱劳动、勤俭节约、认真负责、团结协作、遵守劳动纪律的优良品质和行为习惯。

培养正确的劳动观念和劳动素养。劳动教育强调让学生亲历劳动过程，从而获得正确的劳动观念和劳动情感；让学生通过了解和掌握生产技术知识，掌握生活和劳动技能，从而培养劳动精神，在劳动实践中追求幸福并获取创新灵感，提升劳动素养。此外，劳动教育还须促使学生增强质量意识、环保意识和参与当地经济建设的意识，具备服务社会的责任感和为祖国社会主义现代化建设作贡献的精神。

4. 具体实施

按照《全日制普通高级中学课程计划（试验）》的安排，普通高级中学劳动技术课程由必修课和限定选修课等组成，其中限定选修课的教学内容侧重就业预备教育，学生可根据个人的志向、爱好和需要选择学习。《全日制普通高级中学课程计划（试验）》要求学校开展的劳动教育课必须与学生的知识水平与认知能力相适应，既要有利于进一步提高学生的动手能力和创新能力，又要有利于激发学生学习技术的兴趣和掌握学习技术的方法。因此，学校和老师在高中学段可以充分运用并创新活动育人、实践育人、课程育人的途径，通过学科融合课程的方式，使学生在实践中、学习中得到锻炼和成长。

5. 教学案例

某学校在初高中德育衔接之“劳动素养”教育方面进行了有益的探索。该校以实践为主导，以活动和课程为载体，融合学科知识和德育内容，分学段、有计划、常态化开展系列化劳动德育课程。在劳动素养培育方面，该校也呈现了初高中知识、技能和素养等方面衔接和递进的鲜明特色。

何为“劳动素养”？它是现代社会中个人综合素养的重要组成部分，对学生的成长与发展具有重要意义，它通过劳动实践、劳动课程、劳动法规的学习，进一步培养学生的劳动能力，帮助学生树立劳动观念，进而养成良好的劳动习惯和品质，并形成崇尚劳动、热爱劳动、辛勤劳动、诚实劳动等劳动精神。

不同的学段，学生的身心发展特征和个人认知能力各有差异，评价标准也不同，如在家务劳动领域的“自我服务”项目，初中和高中的劳动技能侧重点会有所不同。

初中学段侧重于基本生活技能的培养，要求从小事做起，从日常生活做起，包括整理衣物、收拾房间、整理学习用品、下厨做饭、美化家园、照顾家人、设计家庭聚会、学会垃圾分类等等。如“收拾房间”领域，要求学生能做到对自己的家居生活用品进行整理，对书本、文具等进行分类整理，对睡房和书房进行个性化美化布置，养成整洁美观的好习惯。“做饭下厨”领域要求学生能做到结合时节和家人口味，设计绿色健康的食谱，学会分辨新鲜优质食材的方法，掌握基本的食材清洗和处理方法，懂得基本的烹饪技巧。

在初中学段已经掌握了基本的家务劳动技能和养成基本劳动观念、习惯的前提下，劳动教育对高中学段的学生提出了更高的培养要求。同样是“家务劳动”领域，同样是“自我服务”项目指标，高中学段的学生还要学会设计自我形象、自我健康管理、自我生涯规划、物品保养与维修、家庭理财规划、组织家庭聚会等等。“自我健康管理”方面要求学生学会生理健康和心理健康管理，了解自身体质和健康状况，了解青春期身体发育知识，养成良好的饮食习惯和运动习惯，选择喜欢的运动方式并坚持运动，掌握情绪管理的方法，在遇到问题的时候能够理智思考。“自我生涯管理规划”方面要求学生懂得目标管理的重要性，懂得划分目标的层次，并能合理规划生活与学习目标，并结合自身实际以及一些目标管理工具督促自己尽可能完成目标。由此可见，在“外塑—内化—内生—外化”德育养成规律的指导下，高中学段学生在初中学段“外塑”的前提下，已经具备了自我管理的基本能力。高中学段的学生更侧重于情感、能力、观念、精神与素养的培育。

例1　××学校劳动课程之高中学段校外劳动——学农活动实施方案

1 方案目标

本实施方案旨在帮助学生了解农业和劳动教育，培养他们的社会责任感和自理能力。通过学农与劳动教育相关实践活动，学生们能够更加深入地认识和理解劳动的意义，提高动手能力和团队协作精神，为未来的学习和生活打下坚实的基础。

2 实施内容

2.1 农业基础知识学习

学农活动首先从农业基础知识学习开始。学生需要了解农业生态、生物育种和农业机械化等基本知识，这些知识将帮助他们更好地理解农业生产的各个环节。通过专家讲座和实地考察，学生们能够更加深入地了解农业领域。

2.2 农田实践操作

农田实践操作是学农活动的重要组成部分。学生们将亲身参与农田劳作，如除草、插秧、施肥、喷药等。在实践过程中，需要注意安全事项，如避免高温天气下劳作、穿戴防护用品等。此外，学生们还可以了解土地资源合理利用和农作物轮作的重要性。

2.3 农作物种植技术学习

农作物种植技术学习包括选择作物、规划土地和实施生产等方面。学生们将学习如何选择适合当地气候和土地资源的作物，并了解如何进行土地规划和生产管理。同时，他们还将学习相关的理论和实践知识，如农作物生长周期相关知识、灌溉和病虫害防治技术等。

2.4 农机具操作和维护

学农活动中，学生们可以操作一些常见的农机具，如拖拉机、收割机、农用车辆等。通过实践操作，学生们能够了解农机具的基本原理和使用技巧。同时，他们还将学习如何进行农机具的维护和保养，以确保其可长期使用。

2.5 农业科技应用和创新

学农活动还关注农业科技的应用和创新。学生们可以参与“智能化农业”“生物技术和大数据在农业中的应用”等项目，通过这些项目，他们能够了解现代农业科技的发展趋势和应用前景，激发对农业领域的探索和创新精神。

2.6 农村社会实践和社区服务

学农活动鼓励学生参与农村社会实践和社区服务活动。例如，他们可以参加文化交流活动、支教活动和当地的公益活动等。这些活动将使他们更加深入地了解农村文化和社区生活，培养他们的社会责任感和团队合作能力。

2.7 自然生态保护和农业可持续发展

在学农活动中，学生们将有机会参与自然生态保护和农业可持续发展活动。例如，他们可以参加植树造林、清洁河流、推广有机农业等项目。这些活动将帮助他们了解环境保护的重要性，培养他们尊重自然、保护生态环境的意识和责任感。

2.8 农耕文化和乡土民俗体验

学农活动为学生们提供了一个了解农耕文化和乡土民俗的平台。他们可以体验民间节日、参观乡村博物馆、参与当地的文化活动等。这些体验将使他们对中国的农耕文化和乡土民俗有更加深入的了解，激发他们对传统文化的热爱和尊重。

2.9 团队合作精神和领导力培养

学农活动注重团队合作精神和领导力培养。通过组织团队项目和领导力培养活动，学生们将学会在团队中发挥自己的优势，与他人合作完成任务。这将提高他们的团队合作能力、沟通技巧和领导力，为他们在未来的学习和工作中取得成功打下基础。

2.10 健康、安全和环境保护知识学习

学农活动中，学生们需要学习健康、安全和环境保护知识。例如，他们可以了解个人防护知识、场地安全知识和环保政策等。这些知识将帮助他们更好地保护自己和他人的健康，增强他们的安全意识，为可持续发展作出贡献。

3 实施方式

3.1 学校组织

学校应统一安排学农与劳动教育活动的时间和地点，并对相关教师进行培训指导。同时，学校还应积极与社会相关机构进行合作，共同开展形式多样、内容丰富的学农与劳动教育活动。

3.2 教师指导

教师应在活动中发挥重要的指导作用，如帮助学生制订项目计划、解决实际问题，并在活动结束后进行总结。同时，教师还须关注学生的安全和健康情况，确保活动顺利进行。

3.3 社会支持

为了更好地开展学农活动与劳动教育，我们将积极寻求社会支持。如与当地的农业基地、公益机构等合作，共同开展各类活动。同时，我们也将邀请相关领域的专家学者为学生们举办讲座和培训，传授更加全面和专业的知识和技能。

4 实施时间与频率

4.1 时间安排

每次学农与劳动教育活动的时间不超过2天，以保证学生的身体健康和安全。活动时间可以根据学校实际情况进行安排。

4.2 频率控制

每学年安排1—2次学农与劳动教育活动，并逐渐制度化、常态化。同时，也应根据实际情况进行调整，以确保活动的质量和效果。

5 实施效果评估

5.1 学生反馈

活动结束后，我们将通过问卷调查、个人访谈等方式了解学生对学农活动与劳动教育的认识和理解程度，以及他们的收获和不足。根据学生反馈的情况，我们将及时调整和优化活动方案。

5.2 教师评价

为了对学农活动与劳动教育的质量进行全面评价，我们将建立教师评价机制。教师将在活动结束后进行总结和评价，内容包括活动组织情况、学生表现、教育效果等。这将有助于我们不断提高学农活动与劳动教育的水平和质量。

通过以上活动，学生们将获得更广阔的视野，提高劳动能力，培养劳动精神，提升劳动观念，增强劳动素养。

（二）初高中德育一体化探索之学长制

1. 活动背景

学长制在全国中小学阶段的德育工作中常以“学长引路”的形式存在，并且相当普遍，但真正以一种制度坚持下来并有专门的章程、专职的老师进行引导与开展的，在全国来说并不常见。在最早开展学长制的北京大学，学长制已经成为学校的一大特色并形成了文化传统。相对于大学，在初高中学段，尤其在完全中学，学长制也有相当大的发展空间。在初高中班兼备的学校，已经毕业的学长，在思想引领、理想信念、学业规划、生活适应等方面，都可以给学弟学妹进行经验分享与方法指引。

2. 活动构想

从组织上看，初三的学长学姐对初一初二学生给予指引，高中在校生对初三的毕业班学生给予指引，已经毕业的高中毕业生对高三学生给予指引等，都可以促成学长学姐与学弟学妹之间形成正向、积极、赋能的沟通纽带，可为学生走好人生的每一步、少走一些弯路提供相当大的帮助。

从内容上看，有最常见的高中或高校介绍、高中选科指导、中考或高考报考志愿、学习方法指引以及技能传授等。如佛山市顺德区某学校，根据加德纳的多元智能理论，除了开展常规的“学长引路”外，还通过“名学长工作室”的形式，让学生的特长得到更大的发挥。工作室有学霸类、传媒类、舞蹈类、摄影类、主持类、天文类等，这些工作室与社团的不同之处就在于，它们在选拔和管理方面比学生社团更严谨、更科学、更规范，能开展常态化、系列化、有序化的活动。工作室的构成包括联合主持人、理论导师和实践导师、助手、成员以及学员若干，在双导师的指导下，主持人有效开展各项活动并进行阶段性总结，真正发挥“学生领袖”的先锋模范作用。

从导师构成上看，理论导师一般由学科老师担任，实践导师由在校大学生担任。他们结合自己高中时期的经验，给学弟学妹传授更多的技能技巧以及指引。学长的选聘以教师推荐和学生选择双结合的方式开展，受聘者未必是学业上遥遥领先的学霸，也可以是在某一领域出类拔萃的优秀人物，还可以是在校或在职期间见识广博、能力突出的杰出人物，从而使学生的各方面发展需求都得到更大的满足。

3. 教学案例

以某学校为例，从2020年开始，该校依托完全中学的办学优势，结合丰富的办学传统，在初中、高中与大学之间，开展了富有特色的“双师”“三长”制，其中学长制便是“初高”“双高”衔接的一个德育亮点。

例2　××学校学生成长指导课程之初高中衔接活动——高中学长制实施办法

为帮助初三年级学生更好地解决在中考备考过程中面临的学习、生活、心理、生涯、理想等方面的困难、困惑，尽快熟悉、适应高中生活，树立理想信念，提升综合素质，加强备考能力，营造学习互助氛围，同时培养高年级学生的责任意识和领导能力，充分发挥学生“自我教育、自我管理、自我服务”的功能，实现初高中有机融合与有效衔接，实践高中级部特色多样高质量“双高”行动方案，学校决定在高中级部非毕业班和初三学生中实施“学长制”。具体如下：

1. 学长条件及遴选办法

（1）在校高一、高二优秀学生。

（2）热爱祖国，拥护党的路线、方针和政策，作风正派，品德优良，团结同学，遵纪守法，在各方面都能起到模范带头作用。

（3）具备较强的责任心和奉献精神，有良好的人际交流、沟通能力。

（4）学习态度端正，热爱所学学科，认真刻苦，成绩优异，中考成绩在顺德一中或李兆基中学录取线以上，期末考试总成绩在年级前2%。

（5）具有良好的学习、生活习惯和乐观的生活态度，身心健康。

（6）符合上述条件的学生经年级推荐、级部考核通过后，聘为名学长工作室主持人，每届聘任期为一年。

2. 工作模式

学长制以工作室为活动单位。“导师制”“学长制”与工作室结合，以工作室为载体，将课程教学与生活、升学融为一体，将传统的封闭式课堂教学转变为面对真实情境的开放式教学。工作室由学校提供教学场地和学习环境，教师给予学生必要的管理与成长发展指导，以保证学生在完成项目的过程中不断积累经验，最终实现培养创新人才的目标。学校、家庭、教师和学生四方联动，依托工作室平台，开展教学科研，创新教育教学模式和培育学习共同体、成长共同体的工作，形成基于初高中衔接的“导师+学长制”工作室人才培养机制，促进创新人才的培育。

在团队构成方面，工作室团队按照一定的比例构成，既有高年级的学长，也有低年级的学弟学妹，以保证工作室成员的延续性。其中，两名爱好、特长不同的优秀高年级学长担任名学长工作室主持人，对接五至六名初三年级学生，学长要对学弟学妹的学习、生活、娱乐、情感等方面进行引导和帮助。

高水准的导师队伍是“导师+学长制”工作室人才培养机制成功的关键。工作室实行双导师制，每个工作室配备一名理论导师、两名实践导师，其中理论导师由级部主任以及主任助理担任，实践导师由在校优秀大学生（即往届优秀毕业生）担任。此外，每个工作室有三到五名助手，助手由高一年级的优秀在校学生担任，每个工作室对接五到六名初三毕业班成员，同时把初二种子选手作为培养对象。

3. 学长职责

（1）学长应遵守学校的各项规章制度，不断提高自身各方面素质，以身作则，为学弟学妹作出表率，发挥榜样引领作用。

（2）学长每月与所对接的工作室学弟学妹联系不少于两次，可通过面谈、电话、微信、邮件、学业辅导、社团、拓展研学、主题活动、专家讲座、学科培优等形式与学弟学妹沟通交流学习生活中的问题，主动热忱地帮助他们解决在学业、生活等方面遇到的问题和困难，替他们想事，为他们办事，教他们做事。

（3）帮助学弟学妹做好初中和高中两个不同学习环境的适应和转换，引导他们尽快熟悉高中生活，形成良好的学习生活习惯。

（4）协助老师做好学弟学妹的学业思想教育与引导，树立正确的学业思想和升学计划。

（5）学长应随时随地纠正学弟学妹的不当言行，始终牢记自己“亦师亦友”的角色，不能无原则地附和学弟学妹的不当言行。

（6）学长在指导学弟学妹的过程中，要遵循民主、平等原则，尊重学弟学妹的意愿，注重方式方法，对他们既要严格要求，又要热情关爱，耐心帮助。

（7）了解学弟学妹的学习、思想动态，及时向初三级部、高中级部学办反映学弟学妹在学习、生活、心理及人际交往过程中的困难和迷惑，并开展力所能及的引导帮扶工作。

4. 学长的权益和评估办法

（1）高中级部为学长开展工作提供必要的经费支持。

（2）担任学长可作为社会实践的重要内容以及综合评价的重要依据，根据具体工作表现，在个人学年综合表现中给予相应倾斜。

（3）在同等条件下，优先推荐入团、入党及各种先进、荣誉称号的评选。

（4）在同等条件下，学科竞赛等优先推荐。

（5）学长的日常工作接受低年级学生和高中级部的监督和检查，对工作不力或者有严重违纪行为的学生，高中级部有权取消其“名学长主持人”资格。

（6）高中级部每学年根据各位学长工作情况，评选优秀学长并予以表彰。

5. 组织管理与考核方法

日常管理工作和考核工作由初三级部和高中级部统一领导，具体由高中级部学管会负责。

学长制工作室的考核与评价，是工作室教学模式建设的重中之重，主要以“优秀工作室”评选的方式完成。考核具体由初三级部主任级长、高中级部主任级长组成的考核团队实施，考核评比对象为高中级部现有的正常运作的工作室，评优比例根据阶段性学业成绩的进退步为依据，每学期对各工作室进行量化考核两次，按考核得分高低在所有工作室中评选出“优秀工作室”特等奖、一等奖和二等奖。

考核评分指标分以下几个方面：

（1）育人工作（考核占比30%）

①创设良好的工作室风气。

②注重学生素质和学业技能的培养锻炼，学生受益面广，参与度高。

（2）团队精神（考核占比20%）

①工作室实现双导师制，校内导师和校外导师占比合理。

②工作室真实项目完成数量多，质量高，学生参与度高。

③本工作室与其他年级的初高中衔接互动项目多，质量高，学生参与度高。

（3）成就成果（考核占比50%）

①科研成果：论文发表、课题申报、合编手册。

②竞赛成果：指导学生参加校内外技能竞赛获奖。

③学业成果：中段考成绩和期末考成绩进退名次。

（4）日常检查（考核分数±20分）

①加分项：举办专业讲座、学科展览，组织学习与交流等团队活动。

②减分项：不遵守工作室规章制度，破坏工作室环境和设备，浪费资源，传播不当言论等。

以一年为建设周期，高中级部对下属的所有工作室进行“一月一小评，一学期一大评”，每学期进行一次工作室质量评价并重新启动工作室的申报审批程序。通过建立合理的考评系统和工作室管理制度，“导师+学长制”工作室实现建设与发展的良性循环。

（三）初高中德育一体化探索之班会课同课异构

1. 活动背景

在学生自主管理、公共空间教育、青春期教育以及学习指导等方面，初高中班会之间既有联系，又有区别。因此，班会课要结合班情实际，借助多媒体手段，设计新颖多样的环节，充分调动学生参与的积极性，以达到良好的教育效果。

2. 活动构想

由于初高中学生身心发展特征和认知能力不同，所以即使是同一授课主题，侧重点和方式方法也各不相同。初中的德育目标侧重于习惯养成和能力培养，而高中的德育目标则侧重于观念认同与素养达成。初中生的接受方式倾向于活动体验式，而高中生的接受方式倾向于思辨交流式，但是“内生—外化—内生—外化”的德育形成规律是恒定不变的。因此，德育工作既要体现初高中德育一体化和学校教育理念的一脉相承，又要展现学段之间的差异。在初高中学段同时开展跨学段主题班会的“同课异构”和教学研讨，显得很有必要。

3. 教学案例

某校在初高中德育一体化教育方面，围绕“诚信”主题向全校班主任开展了主题班会优秀课例征集活动。在所收集的优秀班会课例当中，一名初中学段的老师擅长以活动为载体，让学生更多地参与到实际课堂当中并通过活动获得感悟，循序渐进地开展了“筹码游戏引诚信”“说文解字释诚信”“新闻追踪话诚信”“身边小事——找诚信”四个板块的活动，各板块间呈现递进的关系，从文字表意到社会表象到诚信本质，渐次深入剖析，让学生的认知不断得到深化。而在另一个优秀的高中课例里面，该学段教师的授课模式则表现出极大不同：班主任以话题为牵引，促进学生对社会、对“诚信”加深理解，充分运用思辨法，引导学生深入思考，并主动挖掘诚信的内涵与本质。该课例充分契合新高考的素养培育理念，培养学生提出问题到思考问题再到解决问题的能力，使学生的思维品质得到极大的提高。

例3　××学校初高中德育一体化衔接——学生自我管理系列班会之拒绝沉迷手机网络游戏

1 主题解析

1.1 社会背景

移动互联网就像一把双刃剑，一方面能够让人们劳逸结合，跨越时间空间的阻隔，接触各种各样的知识与信息；另一方面它又容易令人沉迷而不能自拔，尤其近几年手游高速发展，在为青少年带来愉悦的同时，也带来了色情、暴力、血腥、奢靡等不良影响，给青少年的发展成长以及家庭、学校的教育带来了巨大的挑战。近年来，国家相继出台严格管理网络游戏、切实防止未成年人沉迷网络游戏的相关政策，问题的严重性可见一斑。

1.2 教育背景

“拒绝沉迷手机网络游戏”是当前的热点教育话题及难题，因此，我们将这一主题班会课作为“初中生自我管理系列班会”的一个环节。针对现实问题的紧迫性、重要性以及初中生的身心发展特点和认知规律，我们设计了这节班会课以及后续的延伸教育活动。

2 学情分析

2.1 学段特征

初中学段的学生正处于人生发展的重要阶段，他们具备了了解社会的部分技能，容易接受互联网等新生事物，也容易被网络、游戏所吸引。然而，他们还没有形成稳定、成熟的人格，价值观、人生观还处于建构阶段，意志力不够坚定，还不能抵抗网络、手机的种种消极诱惑。尤其是初三年级学生，他们目前的最大任务是应对中考，繁重的学习压力以及初二阶段形成的两极分化现象，导致他们想从手机网络游戏当中获得成就感和存在感。如果成年人不加以正确的引导，一部分学生就容易受到手机网络游戏的侵害，甚至出现网络成瘾、社交回避等人格障碍。

2.2 本班实际

本班学生在学习成绩方面一直处于年级中上水平。经历了一个暑假，到了初三年级上学期，学生不再像以前那么努力学习，整体成绩有下滑现象。据家长反映，很多学生在暑假期间整天玩游戏，导致性格异化，对什么事情都提不起兴趣。回校上课以后，很多学生还没有从游戏中脱离，学习成绩下降严重，因此纷纷向家长求助。

3 班会目标

3.1 认知目标（知）

能正确认识手机网络游戏在中学生日常生活当中的利弊以及中学生沉迷手机网络游戏的普遍性，能全面认识网络游戏成瘾的多方面因素，尤其要能从个人角度分析出现这种现象的深层次原因。

3.2 情感目标（情、意）

能正确处理学习与娱乐、当前与未来的关系，明确自己当前的角色、目标和任务，做到自我克制、自我管理，不虚度光阴，不随波逐流，不舍本逐末。最后升华本课的理想目标，把个人的青春与时代相结合，争当有为青年。

3.3 行为目标（行）

让学生学会正确处理与手机网络游戏之间的关系，学会与手机网络游戏良好相处，避免在网络游戏中沉迷成瘾。

4 班会准备

4.1 学生准备

（1）在家收集初中生玩手机网络游戏的有关调查数据。

（2）事先了解到目前为止国家采取了哪些严格管理网络游戏、切实防止未成年人沉迷网络游戏的措施。

（3）从自身出发，思考如何避免初中生沉迷手机网络游戏。

4.2 教师准备

（1）在全班范围内进行问卷调查，了解学生在节假日期间使用手机玩网络游戏的时间、使用手机玩网络游戏对初中生的产生的影响等各方面内容。

（2）给学生布置周末查找资料的任务。

（3）搜集相关数据并准备课件。

（4）准备“价值拍卖游戏”和小组合作讨论的各种用具：代币、白纸、马克笔等。

5 教学方法

游戏法、活动想象法、讲授法、调查问卷、数据分析、小组合作讨论、举例等。

6 班会实录

环节一 激趣游戏引思考（15分钟）

（1）学生互动游戏：价值拍卖游戏

【设计意图与设计原理】

正所谓“游戏如人生”，游戏也是孩子思考的一种方式。布鲁纳认为，教育要为学生提供一个现实世界的模式，并借此解决生活中的一切问题。

我们希望学生通过游戏，能正确认识自己，明确自己的目标，正确看待当前与未来，从而过渡到本节课的学习要点：学会节制与自我管理，正确处理好学习与娱乐的关系。

【游戏规则】

假设每位同学手中都有2000元代币，它代表每个人初中结束后所拥有的全部时间、精力、健康、知识与能力，每个人可以根据下列情境以及对自己学习生活的理解，拍下下列任意一项拍卖品。

每样拍卖品都有底价，每人每次可以用手上的代币去购买列出的任意拍卖品。尽可能用手上的代币去购买想要的东西。

每人可以在小组内竞拍，价高者得，直到代币用完为止。

同一种拍卖品可以由多名同学同时拥有。

具体游戏情境如下：

情境一：假设你刚刚结束中考，有较多的时间可以自由把握，请你根据对学习生活的理解并结合自己的实际需要，竞拍下列任意一项拍卖品。

A. 运行速度超快的电脑（起拍500元）

B. 热门游戏账号无限充值（起拍500元）

C. 高端手机的优先内测权（起拍500元）

情境二：假设暑假结束前突然接到通知，因特殊原因，学校将延迟1个月开学，对于突如其来的“假期”，请你根据对学习生活的理解并结合自己的实际需要，竞拍下列任意一项拍卖品。

A. 好多朋友跟你一起玩（起拍1000元）

B. 游乐场免费年票（起拍1000元）

C. 天天免费奶茶和小说（起拍1000元）

情境三：假设你现在即将开学，但是经历了3个月的假期，你有点不太适应新学期的学习，请你根据对学习生活的理解并结合自己的实际需要，竞拍下列任意一项拍卖品进行心理缓释。

A. 自由与快乐（起拍1500元）

B. 少一点父母的唠叨（起拍1500元）

C. 自信心（起拍1500元）

情境四：假设已经到了高三的最后一个学期，你开始发奋学习，请你根据对学习生活的理解并结合自己的实际需要，决定是否竞拍下列任意一项拍卖品。

A. 财富（起拍2000元）

B. 名牌大学录取通知书（起拍2000元）

C. 认同感和成就感（起拍2000元）

（2）小组活动反思

以小组总结的形式，让学生进行游戏反思：

· 你是否买到你最想要的东西？为什么？

· 假如现在已经到了人生的尽头，请你看看你手上拥有什么东西？它们对于你来说，是否仍有意义？

·你在“价值拍卖游戏”中最大的感触是什么？

·还有比我们要拍卖的东西更重要的吗？请你把你最想要的东西写下来，想一想在现实生活中怎样才能得到它呢？

（3）游戏结论

让学生通过游戏认识到：

·价值拍卖游戏一定程度上反映了我们的价值观。

·很多东西我们都想要，这反映了我们无穷的欲望。在这个纷繁复杂的欲望世界，明白到底哪个才是我们最想要的，才能认清自己。罄其所有去得到的、不在乎后面或许会有更好的出现的、不后悔前面错过的，才是最想要的、最值得的东西，这正是价值观的具体体现。

·但是现实却不会按照我们预设的剧情发展，人生在不同的阶段会出现很多诱惑，在拍卖过程中，你永远无法预知什么会出现、什么不会出现、什么值得你付出、什么不值得。正如赌局，我们不可能看到对手的底牌才决定出什么牌。因此，我们要学会辨识和取舍，不舍本逐末，不随波逐流，学会克制。

·人生不会重来，世上没有后悔药，有些人目标很清晰，他们很清楚自己最想要的是什么；但是有些人却很容易受身边的环境影响，未能认清自己的目标，未能处理好当前与未来、学习与娱乐的关系。

环节二：新闻热点话手游（5分钟）

授课形式	设计意图	设问内容
视频播放	通过时事和社会热点话题，引入本课话题并使学生认识到问题的严重性。	你认为手游是什么？ 为什么央媒会痛批某网络游戏是“新型毒品”？ 手游跟毒品之间有何共性？
图片展示	使学生感性认识当今社会人们沉迷手机网络游戏的现状。	你如何看待以上图片？ 你认为到了什么样的程度可以称为“沉迷”？

展现背景资料：《央媒狠批手机网络游戏：“新型毒品”“精神鸦片”竟成长成数千亿产业》

2021年8月，腾讯手游《王者荣耀》被央媒点名，文章将网络游戏比作“新型毒品”“精神鸦片”，认为“任何一个产业、一项竞技都不能以毁掉一代人的方式来发展”。随后，腾讯发文称，将从《王者荣耀》试点，逐步面向全线游戏推出“双减、双打、三提倡”七条新举措。

视频数据显示，我国62.5%的未成年网民经常玩游戏、13.2%的孩子每天玩手游超过两小时。手游给孩子的生理和心理带来了双重负面影响，2020年我国有超一半的青少年近视，因沉迷网络游戏而影响学业、引发性格异化的现象呈增长趋势。

环节三：科学数据分析成瘾（10分钟）

授课形式	设计意图	展示/设问内容
数据分析	结合学生在周末查找的数据、老师查找的相关信息以及对本班学生的统计调查，引导学生从科学、真实的角度来认识未成年人沉迷手机网络游戏问题的普遍性和严重性。	全国未成年人互联网和手机网络游戏使用率。 我班一周游戏时间统计图。 《王者荣耀》玩家分布年龄以及日均游戏时间。
提问学生	了解学生实际想法。	你玩手游吗？ 你为什么喜欢玩手游？
图片展示 视频播放	感性认识沉迷手游后的严重后果。	你了解沉迷手游的后果有多严重吗？

环节四：理性分析共防沉迷（15分钟）

授课形式	设计意图	展示/设问内容
对比分析	通过材料对比、社会争鸣来引发学生思考。	呈现家长、游戏投资者、游戏从业者以及学生在“手机网络游戏是否弊大于利”“是否应废除手机网络游戏”上的不同观点。
小组合作讨论与展示	通过思维碰撞的方式，让学生从自身出发，探究“如何才能与手游和谐共处？”从而引导学生得出“要有自控力”“学会自我管理”的感悟。	你认为未成年人沉迷手游是谁的责任？ 你认为国家出台的防沉迷系统有没有用？ 结合自身以及身边的同学的情况，谈谈如何才能做到防沉迷。

（续表）

授课形式	设计意图	展示/设问内容
视频播放	把视频内的歌词与今天的主题联系起来，引导学生理解“小我与大我”之间的关系，从心底认同国家大任将落在新一代年轻人身上，从而立志拒绝沉迷，争当有为青年。	通过国家电竞队接连获得世界冠军的事例，引导学生认清自我，认清目标，合理规划人生，玩出游戏新高度。 庆祝中国共产党成立100周年主题MV《少年》，细细品味视频歌词，把个人奋斗、青春与时代相结合，升华本课内容。
活动宣誓		宣读倡议——拒绝沉迷，争当有为青年。

7 班会后延伸教育活动

7.1 学生方面

（1）一份契约：《我与手机有个约定》。

（2）同伴监督：契约分享。

（3）打卡跟踪：每两周一次跟踪反馈，对比“践行契约前后的我”。

（4）宣传倡议：通过海报设计、视频制作等方式，向全体未成年人发出行动倡议。

7.2 家长方面

（1）问卷调查：未成年人游戏保护（家长自测题）。

家长可根据自测题判断自身对未成年人游戏行为的把握程度，并提升其中有所欠缺的部分。具体内容如下：

根据调研结果及家长关注的内容，我们总结出10个问题，供家长衡量对未成年人游戏行为的把握程度，同时家长也可以根据自测题查漏补缺，进一步提升对未成年人游戏行为的保护。

①您是否了解孩子的游戏时间？

②您是否了解孩子的游戏内容？

③您是否了解孩子的游戏付费情况？

④您是否就游戏话题与孩子进行过交流？

⑤您是否与孩子在游戏时间上达成共识？

⑥您是否有效管理孩子的游戏时间？

⑦您是否限制孩子在游戏中的消费？

⑧您是否了解未成年人游戏保护方面的政策及趋势？

⑨您是否了解未成年人防沉迷保护系统？

⑩您是否熟练使用未成年人保护系统，对孩子的游戏时间和充值行为进行有效管控？

（2）案例征集：手机引发的家庭“战争”。

（3）“空中家长课堂”，案例分享与点评：“家长如何与孩子谈手游”等。

（4）专家指引：“怎样培养一个自律的孩子”等。

（5）言传身教：“为孩子做示范”，周末打卡记录玩手机时间。

8 教后反思

学生自我管理系列主题班会是一个比较宏大的课程范围，因此要合理规划并认真落实。

第一环节，是比较欢乐的游戏互动环节，教师要尽可能用欢快的语调与节奏带领学生参与，切忌强硬灌输，而要因势利导、春风化雨。由于班情不一样，在不同的班级上课时要注意学生的实际情况和反应，捕捉课堂生成，解决实际问题。这节课尤其适合初高中衔接的班级使用，因为其既有生动有趣的课堂导入部分，满足初中生的兴趣需要；又能激发学生更深层次的思考，课堂越到后面，就越进入佳境，引导学生思考社会热点和难题。

第二环节，通过引入新闻热点来辅助本节课话题展开，教师要区分好“玩手游”与“沉迷手游”，不要一开始就定性。这样的辩证思考能力，是高中学段学生需要养成的素养。

第三环节，通过大量调查数据来呈现中学生玩手游的现状以及危害性，数据不宜过多，且需要结合本班的实际情况。最好让学生自己来搜集数据，这样更能加深学生对问题的认识。学生自主管理本来就是一个比较宏大的话题，它包含了学生在校内与校外的各个方面，本节课以小见大，直面学生最常见、最难解决、最迫切的问题，从小切口到深挖掘，一步一步导向学生自主管理的本质。

第四环节，对比家长、游戏从业者、投资者以及未成年人在“是否应该禁止手游”问题上的意见，并进行小组讨论。讨论部分不宜设置太多问题，重点应该放在如何处理“我与手游的关系”。通过多方讨论和结论呈现，学生可以说说自己的真实体验与感受，教师应听听学生内心的想法，多进行正向引导，以便学生能够更深刻地理解自主管理的重要性和实施路径，更好地落实并坚决执行。虽然沉迷手游有危害，但是教师可以引导学生在学习、生活与玩乐之间找到平衡，使三者共存，从而在情感态度、价值观方面更好地引导学生成长。

中学生玩手机网络游戏甚至沉迷于手机网络游戏是当前重要的教育热点与难题，仅靠一节班会课不可能真正解决问题，还需要一系列的配套做法以及后续的课堂延伸，充分调动社会、学校和家长的力量来巩固课堂实效。

第二节
通过校内校外德育衔接实现全程育人

德育是实实在在的东西，是围绕学生身心发展和日常生活展开的全面引导，不仅包含了语言、行为等显性的教育内容，还涵盖了意识、思想等隐性内容，需要连通学校德育、家庭德育和社会德育。如果学校的德育工作不能得到家长的理解与支持，甚至遭遇反对的声音，德育效果就难以在校外时间延续。如果学校开展德育的形式和内容无法体现时代性和现实性，与当今社会现实脱节，那么校内德育工作所取得的成效也无法与家庭和社会有效衔接，导致“辛苦在校教育了五天，毁于周末两天”。这样不仅会使学生在校内所收获的德育成效在经过了校外的一个周末之后大打折扣，还会让家长在沟通不及时、不到位、不融洽的情况下，对学校的德育内容和方式产生怀疑。因此，做好在校期间和校外时间德育的衔接对实现全程育人意义重大。

一、在校期间德育提升途径

立德树人是当前教育的根本任务和核心工作。习近平总书记在北京大学考察时指出，要把立德树人的成效作为检验学校一切工作的根本标准，真正做到以文化人、以德育人，不断提高学生思想水平、政治觉悟、道德品质、文化素养，做到明大德、守公德、严私德。

学生在校期间接受学校育人的主要渠道便是课堂教学，因此各学科教师要充分读透和理解自己学科的教学目标和任务，不仅要在教学中教授本学科的知识和技能、过程与方法，还要借助学校教学，促进学生情感、态度和价值观的形成和发展，把中华优秀传统文化教育、革命传统教育与社会主义核心价值观全面有机融合，把爱国和爱党、爱社会主义高度统一的爱国主义教育落到实处。

衡量德育的有效性，要从评价的结果去考虑，既要凸显学生人格发展的完整性，也要在学生个体道德发展道路上突出个性化。这就要求我们既要关注学生显性的道德行为，也要关注学生内在的隐性道德意愿。

要在确保总体前进方向一致的前提下，设立阶段性目标，完成每个学段的德育任务。在德育活动中，要对教学内容、方法和要求进行严格的筛选，并注意学段间的衔接和过渡。学校和教师要对学生前一学段的德育学习情况有充分的了解，对学生已有的德育水平进行全面的分析，然后根据当前学段的德育目标和要求，科学地制定出理论性强、针对性强、可操作性强的，能够衔接起前后两个学段的教育方案或计划。

提高中学德育成效，学校应改进学生在校阶段的德育方法，拓宽德育实施的途径，增强各种德育形成的合力；避免重理论轻实践的教学方式，完善德育评价体系，增强学生的自我修养和自我锻炼意识，充分发挥学生的主体地位和作用。具体操作如下：

（一）常规化开展爱国主义教育

通过校内多种途径进行爱国主义教育，有助于形成强大的中华民族凝聚力，是爱国爱党爱社会主义教育的需要，是建设社会主义精神文明的需要，也是青少年全面发展的强烈需要。

1. 认真准备和落实每周一的升旗仪式

根据时下热点和爱国主义话题，做好国旗下宣讲和交流，让爱国主义教育时刻存在。如在9月18日，开展“谨记九一八，振兴我中华”主题活动，让学生铭记历史，奋发自强，让学生自豪于中华儿女的不屈斗争，欣喜于中华民族的觉醒奋起，学会感恩英雄烈士的牺牲奉献，最终坚信未来可期。又如在国庆节开展“迎国庆，树理想”理想教育。国庆节是一个独立国家的标志，国庆节活动反映了中华民族的凝聚力，显示出我们的国家力量，有助于增强我们的国民信心，更能激发学生对国家的忠诚与热爱。理想教育能够激励学生把振兴中华的责任扛在自己的肩膀上，为祖国的繁荣富强而不懈努力，奋发向上，用精神与骨气谱写新时代的《少年中国说》。再如利用国旗下讲话的机会开展国防教育，激发学生爱国热情，让学生意识到“国无防不立，民无防不安”，国防关系到国家和民族根本大计的生死存亡，中华人民共和国的每一位公民，都应当增强国防安全意识，掌握国防安全知识；让学生形成一定的战争观、国家安全观、利益观，增强国防观念，掌握基本的国防知识，学习必要的军事技能，自觉履行国防义务。还如在国家宪法日，弘扬宪法精神，引导学生做懂法、知法、守法的好少年。

“天下兴亡，匹夫有责。”通过常规的教育活动，学生们能够了解国家的历史和文化，了解汉唐时的繁华，了解近代中国的屈辱，了解前辈们为了中华民族伟大复兴所付出的努力。有的人闻鸡起舞，夙兴夜寐；有的人众志成城，抛头颅洒热血……一位位先烈，都被一笔笔记载在了历史书中，让人动容，让人肃然。学生们还能够在活动中了解公民责任的概念，认识到国家从来不是一个人的国家，也不是一小撮人的国家，而是我们所有中国人的国家。国家保护我们的安全，为我们提供学习和发展的机会。我们享受了法律赋予我们的权利，自然也应该履行自己的义务，这包括遵守法律、尊重他人的权利、为社区和国家作出贡献等等。

2. 结合重大节日，进行爱国主义教育

如在清明节开展扫墓活动，带领学生缅怀英烈的丰功伟绩，理解现在的幸福生活来之不易，从而使学生学会感恩，学会珍惜，树立强烈的爱国主义观念和优秀的道德观念；在国庆节前后开展校内文艺活动，不仅可以丰富学生的校园生活，还可以让学生感受到祖国的繁荣昌盛，增强民族自豪感；在“一二·九”运动纪念日，举办“一二·九大合唱”，让学生时刻铭记历史，奋发图强；在教师节，组织学生给老师们写明信片、拍摄小视频《老师，我想对您说》，不仅可以拉近师生的距离，还可以让学生学会感谢老师，感恩身边的朋友、亲人；在全国交通安全日，开展“严是爱，松是害，树立文明交通意识”主题教育，教育学生遵守交通规则，爱惜生命，为自己负责，为家人负责。

3. 充分挖掘影视作品、歌曲、书籍等生动教材，加强爱国主义教育

如开展红歌比赛，让每个学生在音乐中受到熏陶，在歌声中获得教育；由团委牵头，学生会协办，每月组织学生观看爱国主义影片并写观后感或影评，感悟学习，观影过后还可以让学生把影片的历史背景、主要任务和故事情节等做成幻灯片形式，向周围的同学介绍，更加有效地传播红色文化。

4. 德育融于课堂

教学是进行道德教育的基本途径。一方面要在教学中深入挖掘德育因素，通过创设情境、营造轻松活泼的学习氛围，进行思想渗透，将“传道”融于“授业解惑”中；另一方面要借助每周班会课，把爱国主义教育融入时事学习和时局分析当中，这样的教育内容更具有时效性和丰富性，富有时代感，比

传统的说教更为学生所喜闻乐见，更加行之有效。

（二）定期开展感恩教育

感恩教育是学生在成长过程中形成健全人格的重要路径，时常感恩父母、感恩老师、感恩亲人朋友，时常怀着感恩之心做人求学，学生才不会轻易感到生活苦闷，进而形成孤僻性格。

1. 感恩父母

除了在每年的母亲节和父亲节进行感恩教育，我们还可以利用“18岁成人礼”这一个重要的仪式，邀请家长共同参与，让学生在成人之际，与父母来个拥抱，送上一封“心里话”，感谢父母的养育之恩。

2. 感恩老师

与学生相处时间最久的，除了监护人，就是老师了。师生之间形成默契，是建立良好师生关系的关键，也是学生考取优异成绩的有力保障。我们可以让师生共同参与学校多元化的课程和形式多样的活动，如校运会共同竞技、音乐会一起演出，以拉近师生之间的距离。

3. 感恩同学

初高中是收获真挚友谊的黄金时期。纯洁的友谊，可以让学生在求学的道路上健康学习、快乐成长。引导学生学会感恩身边帮助自己的同学，向舍友的悉心照顾、同学之间的互帮互助表达感谢，可以帮助学生成为受欢迎的人，更容易融入社会。

（三）行为规范教育

良好的行为规范和生活习惯是形成良好思想道德的前提条件。我们可以通过评选“文明之星”“文明宿舍”“先进班级”等树立榜样的方式，放大榜样的力量，让优秀带动优秀，借助身边的先进模范和学生代表事例，生动诠释和传播抽象的伦理道德、人生价值等，使其形象化、生动化、具体化、人格化。德育融于生活，德育要以学生的现实生活为基点，在日常小事中提高认识，培养良好的习惯。

（四）法治教育

当今社会是法治社会，学生须知法、懂法、不犯法，会用法律武器来保护自己，学会合理表达自己的观点，不能随意在网络上转发或发表不正当言论。学校可以邀请法律专家来学校做法治教育讲座、案例分析等，使法治教育不枯燥、不抽象，走进学生生活，达到更佳的教育效果。

二、校外时间德育衔接的意义与途径

校外时间德育是在校时间德育必不可少的补充，也是调整家庭教育的“方向盘”，更是使学生达到社会发展要求的“必经之路”，有助于建立学校、家庭、社会三位一体的德育模式，解决在时间上的存续和衔接关系、在空间上的存在和贯通关系，实现从对现实存在问题浅层表象的摹写转向对问题核心和本质的探索。

（一）在创设阵地中融入德育

把校外一切有可能的德育阵地建设起来，通过润物细无声的方式，主动积极地搭建阵地。比如由教育部门牵头，与当地的图书馆、影剧院等达成共识，为学生提供图书、优秀影片等社会公共文化资源，进而获得探寻世界、提升自我素养、接受德育熏陶的机会。

社会教育是学校教育和家庭教育的重要补充和扩展延伸，它的丰富性、真实性、多样性和独立性等特点，是学校教育和家庭教育所缺少的。良好的社会教育，不仅有助于培养学生的动手实践能力和创新精神，还能够丰富学生的精神内涵，帮助学生找到属于自己的兴趣，发现自己的特长，从而提高自身的综合素质。

（二）在家庭教育中渗透德育

创设健康的家庭教育环境阵地。家庭是孩子在校外待得最久的地方，普及家庭教育知识，帮助家长熟悉并掌握科学的教育方法显得尤其重要。因此，要提升家长素质，增强家长的教育意识，使家庭教育与学校教育同频同调，以构建家校教育平台与载体为基础，拓宽德育工作的双通道。学校层面可以做好三方面工作：一是借助建立家长委员会的方式，办好“家长学校”；二是建立多渠道的家校沟通方式，提高沟通的有效性；三是开展形式多样的家庭教育活动，做到“授人以鱼不如授人以渔”。

充分利用社会资源和家庭教育环境创设德育阵地，是校外教育必不可少的环节。要用学生喜欢的、现代社会流行的、容易被青少年接受的方式，建设德育阵地，将德育融入包括校外时间在内的每个环节，实现全程育人。

（三）在研学途中渗透德育

研学旅行，是校外教育的重要形式，是一种在没有围墙的学校中学习的方式。不可否认，当前青少年学生中，缺乏冒险精神、生活自理能力不强、社会责任感淡薄等现象普遍存在，要扭转这些情况，仅仅靠课堂教育远远不够，还需要有情感体验深刻的研学旅行，帮助学生逐渐地内化其人生态度和价值观。“研学”的全称是“研究性学习”，是一种探究性学习。探究性学习是当下素质教育的根本出路，相比于其他探究性学习模式，研学更注重发现事物的本质与细节。

学校应充分利用“请进来、走出去”的有利条件，发挥与高校合作的优势，邀请德育领域优秀人士进行分享；或者让学生在走进高校进行交流学习的过程中，得到德育的启发；也可以在学科授课过程中调动学生的学科热情，在崇尚知识和创新求索的科学态度中，渗透德育。

研学可以让学生感受集体生活的意义。研学旅行的意义在于以集体生活的形式，让孩子开阔眼界、增长见识、探讨学习，这种形式是一种活生生的“课堂”，是学校生活的生动延伸，而这种集体生活是孩子成长岁月中非常珍贵的记忆，团队观念和整体意识的养成也是孩子“长大成人”的重要标志。

研学使个人价值得到实现。在研学旅行中，学生不仅团队观念得到强化，还会明白自己身上的责任，激发独立自主的意识。学生会明白此时此刻自己要担任什么角色，应该担负起什么责任，从而尽全力去完成任务，达成目标，实现个人价值。

研学是校外时间实施德育渗透的主渠道之一，研学的德育渗透在引导学生形成良好道德素质中起到至关重要的作用。学校要充分利用已有的教学合作资源，充分发挥研学的作用，使专业德育骨干凭借相关知识和专业素质，全面呈现专业德育渗透能力，充分挖掘使用德育素材，发挥专业德育团队的牵引辐射功能，全面培养和提高学生的道德素养，实现教学合一。

（四）在生活实践中体验德育

著名的教育家陶行知先生曾经提出“生活即教育”。事实证明，学生的德育也需要回归到生活中去，不能脱离生活实际。要让学生通过生活实践来学会认识自我、认识他人，处理好自我和他人的关系，掌握自己与他人合作的基本要求，遵守良好的行为准则。在生活实践中体验德育，可为后续的生涯规划做好铺垫。生涯规划是学生实现人生价值所进行的自我认识、规划和实现的过程，可以帮助学生选择适合自己的职业生涯道路，明确自己发展所需的各种素质与条件。社会实践对当代中学生的意义有以下几点：

1. 有助于学生增长知识、开拓视野

在社会实践的过程中，学生可以积累许多自然、社会知识，扩充自身的知识储备。另外，通过亲身体验，学生不仅能感受大自然的魅力，还能了解社会现状，丰富人生阅历。

2. 有助于学生适应社会，锻炼人际沟通的能力

当代大学生面临着很大的就业压力，除了激烈的竞争和环境、机遇等社会因素，毕业生无法适应社会也成为就业困难的一个重要原因。高中生应该提前打好预防针，逐渐培养适应社会的能力和积极健康的人生态度。

3. 有助于学生学会分享、尊重与合作，培养团队精神

团队活动是综合实践活动的基本形式。在团队活动过程中，中学生有机会进行人际交往与沟通，相互间的合作有助于学生积累集体生活的经验，特别是学会理解他人对事物的不同看法，学会欣赏别人。这些都有助于学生的成长和发展。

4. 有助于学生提高自主学习、独立探索的能力

社会实践可以改变学生以单纯地接受教师传授知识为主的学习方式，培养学生发现问题、提出问题和解决问题的能力。在当代社会，被动地接受知识只能落后于他人，在激烈的竞争潮流中被淘汰。而社会实践考察了学生信息处理、逻辑思维、

整体规划等多方面的综合能力，使学生在活动的过程中积极地发现和思考。结果并不重要，重要的是这段经历、这个过程。

社会实践可以使学生保持独立的、持续探究的兴趣。探究的兴趣是与生俱来的，儿童在幼儿阶段就表现出强烈的好奇心，喜欢不断追问，好动脑。很多孩子在七岁之前非常想上学，可到了小学三年级有些就不喜欢上学了，这是为什么？那就是因为学习无形之中产生压力了，整天按着教师的要求去做，学生越来越感到不自由、不好玩了。随着学生学习年限的增加、教师不断地传授知识，学生应对各科习题、作业，压力不断增加，以致学习兴趣逐渐丧失。若学校能提供一门帮助学生将这种自然兴趣延续到高年级的课程，将让他们终身受益。因此，国家在基础教育阶段设置“综合实践活动课程”，特别是研究性学习活动，是很有必要的。

5. 有助于学生形成乐观向上的生活态度，缓解学习压力，调节情绪

在高考的巨大压力下，学生们经常疲惫不堪、情绪烦躁，有的甚至神经衰弱。近年来不断发生的中学生自杀事件，更是让社会感到恐慌。在社会实践中，学生们有了一次放松身心的机会，在暂时抛开课业负担、享受集体出游乐趣的同时，也感受到了生命的意义。

6. 有助于培养学生的创新能力

社会实践活动是创新的基础，是创新的源泉。学生的创新

思维往往来自社会实践中的体验。

（五）在志愿服务中践行德育

志愿服务对社会有多方面的意义。一是传递爱心，传播文明。志愿者在把关怀带给社会的同时，也传递了爱心，传播了文明，这种“爱心”和“文明”从一个人身上传到另一个人身上，最终汇聚成一股强大的社会暖流。二是有助于建设和谐社会。志愿工作提供了社交和互相帮助的机会，加强了人与人之间的联系和关怀，减少人与人间的疏远感，有助于促进社会和谐。三是促进社会进步。社会的进步需要全社会的共同参与和努力，志愿工作鼓励越来越多的人参与到服务社会的行列中来，对促进社会进步有一定的积极作用。

对志愿者个人而言，志愿活动的意义也是深远的。一是奉献社会。志愿者通过参与志愿工作，有机会为社会出力，尽一份公民责任和义务。二是丰富生活体验。志愿者利用课余时间，参与一些有意义的工作和活动，既可扩大自己的生活圈子，又可亲身体验社会中的人和事，加深对社会的认识，这对志愿者自身的成长和提高是十分有益的。三是提供学习的机会。志愿者在参与志愿工作的过程中，除了可以帮助人以外，更可培养自己的组织及领导能力，还能学习新知识、增强自信心、学会与人相处等。

对服务对象来说，志愿服务有其特殊的价值。一是接受个人化服务。志愿服务在提供大量人力资源的同时，更能为服务对象提供人性化、个人化及全面化的服务，从而令服务对象受益。二是帮助服务对象融入社会，增强归属感。志愿服务能有效地帮助服务对象扩大社交圈子，增强他们对他人、对社会的信心，同时，志愿者亲切的关怀和鼓励，能够帮助服务对象减轻接受服务时的自卑感和疏远感，并帮助其建立自尊心和自信心。

志愿服务在学生成长的过程中有着重要的意义。学校团委可以主动与社区携手共建校外德育教育基地，组织开展社区志愿服务活动和志愿岗执勤服务活动，协助社区开展日常服务管理和宣传教育等。学校可依靠社区，引导学生合理利用双休日和寒暑假等，组织并指导学生积极参与社区文明建设，如帮老人家办理社保年审，在当地图书馆、学雷锋志愿服务e站、高铁站等常规化开展志愿服务活动，倡导学生充分利用假期时间积极参与社会实践活动，丰富自身经历，提高综合实践能力。

第四章 全方位育人的探索与实践

全方位育人是对传统德育方式的拓展和延伸，在广度和深度上超越传统的德育方式，实现学生德育工作的空间全覆盖。具体而言，全方位育人指根据学生的受教育环境，打通校内校外、课内课外、线上线下等育人渠道，充分利用各种平台，整合各种资源，通过各种载体将德育工作渗透到与学生相关的各个方面，加强德育工作的广度、深度和效度。换言之，全方位育人旨在实现德育内容的多样化、德育途径的多维化、德育资源的多元化和德育评价的多极化。

第一节 发挥“四史”教育的重要作用

党的十八大以来，习近平总书记就学习党史、新中国史、改革开放史、社会主义发展史作出一系列重要论述，为我们学好“四史”、做好“四史”教育提供了理论依据。从“四史”中汲取智慧和力量，对实现全面建成社会主义现代化强国的伟大目标、把中国式现代化不断推向前进，具有十分重要的意义。

高中学段有很多不同于义务教育阶段的特点，这些特点会导致学生产生各种困扰、遇到很多问题。如果学生不能正确认知、妥善处理这些问题，就会在学习、生活中处处碰壁，成长受挫。如果能够充分挖掘“四史”中的精神力量、辩证思想，我们就既能够加深学生对“四史”的了解，树立理想信念，又能使学生借助“四史”的力量激励自我，认知自我，提升自我。

高中学段是学生价值观形成的关键阶段，在班级管理中重视“四史”学习教育，注重用党和国家的奋斗历程和伟大成就鼓舞斗志、明确方向，用党的光荣传统和优良作风坚定信念、凝聚力量，用党和国家的实践创造和历史经验启迪智慧、砥砺品格，有助于学生形成正确的价值观，淬炼学生的意志品质，助力学生成长成才，完成立德树人的教育任务。

一、当前“四史”教育存在的主要问题

（一）对“四史”教育的重视度不够

当前的“四史”教育主要还局限在思政课堂或者历史课堂，有的教师未能从全方位德育的角度认识“四史”教育的价值。不少中学生对“四史”教育有一种“青春期的叛逆”，认为“四史”距离他们非常遥远，在成绩的评价导向下，多数学生只在形式上接纳，内心接受度较低。无论是教师还是学生，对“四史”教育的重要价值都认识不足。

（二）“四史”教育的渠道不够丰富

当前校内“四史”教育的渠道主要还是思政课或者历史课上的讲解、传授，学习途径单一，学生参与度低。大部分的资料内容来自书本，学生在高强度的学科学习中，对“四史”内容的敏锐度降低，因而“四史”内容难以引起学生学习的兴趣，不易激发学生的学习愿望。

（三）“四史”教育与学生联系不够密切

在以考试为主要评价手段的高中教育中，“四史”教育与学生的联系不够紧密。当“四史”教育与学生的需求、心理脱钩时，“四史”教育是没有力度的，教育价值会大打折扣。因此要根据学生的实际情况和需求，选择合适的题材，有针对性地深入讲解，充分发挥“四史”教育在学生成长过程中的作用。

（四）“四史”教育内容挖掘不够深入

“四史”的教育不仅仅是关于历史的教育，还应该是“四史”文化的教育。要从“四史”中挖掘出更深厚的东西，达到精神引领、文化引领。尤其对于党在发展历程中形成的优秀传统与先进精神、对待困难挫折的态度、直面问题的勇气等与高中生密切相关的内容，要深入挖掘，既要高屋建瓴，也要与学生的实际相结合。这样既能发挥“四史”的显性作用，也能充分发挥“四史”的隐性价值。

二、“四史”教育是全方位育人的重要一环

（一）“四史”教育根植学生的理想信念

当前社会媒体发达，信息流通速度加快，信息的碎片化越来越严重，如此繁杂的信息难免良莠不齐，真假难辨，对学生德育工作的开展造成很大的干扰。随着消费主义和享乐主义的侵袭，一些质量低劣、迎合低级趣味的短视频盛行，拜金主义、奢靡享乐主义等不良思想逐渐抬头，不利于学生树立远大理想。与此同时，国际社会众多不良思潮对青少年的冲击、国际敌对势力的意识形态渗透，对处于叛逆期且难辨是非的高中生具有一定诱惑力和煽动性，对高中生理想信念的树立有严重的负面影响。

“四史”是鲜活生动的教材：党史是中国共产党从无到

有、从小到大、从弱到强、不断从胜利走向新的胜利的历史；新中国史是中华民族从站起来、富起来到强起来的历史；改革开放史是中国人民从温饱不足到小康富裕的历史；社会主义发展史是社会主义从创立、发展到完善的历史。“四史”学习能够让学生明白“我们从何而来”，了解当前美好生活来之不易，须要珍惜并为之继续奋斗。只有弄清“从何而来”，学生才能明了“将要走向何方”。

在浮躁的社会、“娱乐至死”的时代里，对于阅历不足、难以明辨是非的高中生而言，“四史”的学习有助于他们在各种思想的冲击下，提升辨别力，增强使命感；有助于他们领悟民族精神，参悟中华文化，树立民族复兴之志，在纷繁复杂的思潮大海中向正确的航向前行。

（二）“四史”教育提升学生意志品质

高中学段，学生的学习、生活环境相对于义务教育阶段有很大区别。义务教育阶段以感性认知为主，而高中学段需要培育学生的理性思维，所以学习内容多、强度大；而高考的选拔导致学校、社会、家长对成绩有较高的期待和要求。学习环境、学习方式和思维习惯的转变，导致部分学生不能很快、很好地适应高中的学习，心理压力越来越大，精神萎靡不振，甚至还会出现神经衰弱等问题。一部分学生由于意志力薄弱，成绩差，出现厌学情况；一些成绩好的同学也会遇到诸多困扰，严重影响学习效率。究其主要原因还是意志品质不过关，心理承受能力不足，抗压能力不够。

“四史”是中国共产党为人民谋幸福、为民族谋复兴、为世界谋大同的实践史。在中国共产党的成长中、新中国的建设中、改革开放的深化过程中和社会主义的发展进程中，人民群众是从初期的困难重重逐步总结、优化调整，方才取得了现在的重大成就。在整个发展进程中，涌现了大批激励人心、鼓舞斗志的共产党员，呈现出诸多一脉相承又与时俱进的精神品格，比如新民主主义革命时期的井冈山精神、延安精神，社会主义革命和建设时期的雷锋精神、大庆精神（铁人精神），改革开放和社会主义现代化建设新时期的女排精神、抗震救灾精神等。它们体现了中国共产党为人民服务的宗旨，同时这些精神深处蕴藏的坚忍不拔、革命乐观主义、合作共进等，也是学生在学习时必须具备的品质。

“四史”学习，尤其对优良工作作风、革命精神等的学习，有助于解决学生学习过程中产生的众多困惑，促使学生正确认识学习中存在的问题，合理分析问题背后的原因，反思并优化解决问题的方法，提高应对困难的能力，提升学习的意志力。

（三）“四史”教育强化学生积极人格

高中学段是个体生物性和社会性走向成熟的时期，生理发展迅速，但是心理发展相对滞后，这种不平衡造成学生的情绪波动较大，个人认知容易和现实情况不一致，进而导致心理问题。同时，由于辨别能力不强，学生对社会负面影响的抗干扰能力不足，容易出现认知冲突，进而出现心理问题。学生的心理问题不仅仅体现在学习压力带来的问题，还包含青春期问题、人际交往问题、难以应对挫折等问题。

深入学习“四史”，回顾党和国家的发展历程，有利于强化学生积极人格。

从党的诞生、新中国的成立到如今党团结带领全国各族人民全面建成社会主义现代化强国、努力实现第二个百年奋斗目标，这个过程不是一蹴而就、一帆风顺的。学习这段历史，能够引导学生学会在失败的时候保持革命乐观主义精神，吸取教训，迅速调整；在胜利的时候保持警惕，居安思危，总结经验；在失意时百折不挠，在得意时头脑清醒，胜不骄，败不馁。

在党的成长过程中，不少英烈舍小家保大家，去小我成就大我，为学生树立了良好的示范和优秀的榜样。将我们党和国家的发展与人的成长进行类比，能拉近学生与“四史”教育的距离，减轻学生在学习和人际关系中的焦虑。

高中学段的“四史”学习，有助于学生科学辩证地看待失败和成功、个人和他人，全面地看待事物，辩证地认识事物，减少焦虑、压抑、恐惧等。学生从“四史”中那些激动人心、催人奋进的事例中汲取前进的动力，不断吸收正能量，有助于负面情绪的释放，有利于培养成熟的心智和稳定的心理状态。

三、高中“四史”教育的有效途径

（一）班会活动是落实“四史”教育的主要阵地

班会课是学生德育工作的主要阵地。在班会活动中，教师分析、学生讨论等形式能够让“四史”的教育价值得到充分挖掘，学生参与、教师引导等方式能够让“四史”教育“潜入人心”，播下种子。

在落实“四史”教育时候，要注意几点。第一，选题要结合学生实际，针对当前的班级情况进行选材。比如在班级氛围比较低落时，我们可以选择积极向上、斗志昂扬的主题，如抗美援朝精神、“两弹一星”精神等，引导学生在“四史”中寻找催人奋进的精神力量。第二，要让学生充分参与，避免教师讲解过多，灌输太多，流于形式。“四史”教育价值的一个重要组成部分是“四史”的精神价值。充分挖掘、发挥“四史”的精神价值，需要学生的充分参与，只有参与其中，学生才能真切地感受那种精神力量，教育才能直达心灵深处，产生应有的教育效果。

（二）班级文化营造有助于“四史”教育的长效发挥

主题班会课能够让学生充分感受“四史”教育带来的精神动力，但是要让这股精神力量持久发挥作用，还需要进行班级文化营造。班级文化营造能达到“以文化人、润物无声”的效果，使“四史”教育效果得到长效发挥，通过黑板报进行相关宣传是最常用的手段。需要注意的是，我们在选材时要考虑班级实际情况和班情需求。当然也可以结合“四史”演讲、知识竞赛、活用“四史”等活动，营造学“四史”、振精神的班级文化氛围。

（三）拓展“四史”教育形式

“四史”的教育阵地不能仅限于课室，教育方式也不能局限于学校教育。学校应拓展教育形式，摆脱空间的限制，让学生放飞心灵，感受党的伟大，感悟“四史”的精神，接受“四史”教育的文化熏陶。学校既可以在室内也可以在室外组织学习，既可以在学校进行“四史”学习也可以在校外开展“四史”教育，既可以带学生走出校门也可以将专家请进校园。比如，在国家宪法日，教师可以在国旗下为学生讲解宪法的来龙去脉；也可以带学生参观烈士陵园或者爱国主义教育基地，在庄严肃穆的氛围中感受党的创业不易、先辈的奉献担当等；还可以将周围的老党员、优秀党员请进班级讲“四史”故事，通过亲历者现身讲述，让学生接受“四史”教育。

（四）将“四史”教育融入研究性学习和社会综合实践活动中

苏霍姆林斯基说，只有在情感活动中，学生的道德认识才能深深地根植在他的精神世界里，成为他自己的观点，并在他自己的言行举止、待人接物等方面表现出来，从而形成坚定的道德信念和高尚的道德行为。将“四史”教育内容加入研究性学习，能够增强学生的学习自主性、探究性、合作性。合作研究既有助于内化“四史”精神，也能提升学生的辨识能力和理论水平。实践出真知，将“四史”教育纳入综合社会实践，带领学生进行实地考察、亲身体验等，能够增强学生的理想信念。在实践中，在情感活动中，“四史”教育只有与学生的学习、生活实践产生密切联系，才能够深入学生内心，“四史”教育才是“活的教育”。

学史明理，学史增信，学史崇德，学史力行。在班级管理中加强“四史”学习，对学生进行有针对性的德育引领，让“四史”教育深入学生的内心世界，既有助于高中学生树立良好的道德观、继承优秀的红色文化、坚定理想信念，还能够提升学生的思辨水平，帮助其学会结合学习生活实际情况解决认知问题，引导学生从“四史”中汲取成长的养分，助力学生提升核心素养，实现全面发展。

第二节　通过校家社协同实现全方位育人

在当今这个日益复杂多变的社会中，人才的培养更加注重全面性和多元性，教育的责任也不再仅仅落在学校一方。学校、家庭和社会三方的协同合作，形成了一种全新的育人模式——校家社协同育人。它是一种集合了学校、家庭和社会三方力量的育人模式，其目标是形成一个全方位、多层次、宽领域的教育环境，以促进学生的全面发展。

校家社协同育人的重要性在于，它打破了传统教育的边界，将教育的责任和力量分散到更多的参与者身上，使学生能够在更广阔、更多元的环境中成长和学习。这种模式让教育更加全面，使学生不仅可以在学校中学习知识，还能在家庭中学习生活技能和道德规范，在社会中学习社交技巧和社会规则。此外，校家社协同育人也增强了教育的连续性和一致性，让学生在不同的环境中得到一致的教育信息和支持，提高了教育的效果。

一、校家社协同育人的含义与意义

（一）校家社协同育人的内涵

校家社协同育人是一种教育理念和实践策略，其强调学校、家庭和社会这三大教育力量的结合与协同，以共同促进学生的全面发展。它超越了孤立的、单一的传统教育模式，建立了一个更加开放、动态和包容的教育生态系统。

具体来说，“校家社”代表了教育的三个重要领域：学校、家庭和社会，“协同育人”则强调这三个领域在育人过程中的互动、合作和协同。家庭教育是孩子的第一课堂，是孩子形成生活习惯、道德观念的重要场所。学校教育是孩子的第二课堂，是孩子学习知识、技能，形成学习习惯的重要场所。社会教育是孩子的第三课堂，是孩子接触社会、认识社会、适应社会的重要场所。

“协同育人”要求学校、家庭和社会在教育过程中进行有效的信息交流和资源共享，形成教育合力，共同推进孩子的全面发展，包括认知发展、情感发展、社会技能发展、道德品质发展等多个方面。在这个过程中，学校、家庭和社会不仅要承担好各自的职责，更要通过协同合作，消除教育的区隔和矛盾，增强教育的连续性和一致性，提高教育的有效性。

（二）校家社协同育人的理论背景及发展历程

校家社协同育人的理论源于教育学、心理学、社会学等多个学科的理论成果。例如，布朗芬布伦纳的生态系统理论强调环境对个体发展的影响，这为我们理解学校、家庭和社会在教育过程中的作用提供了理论支持。另外，维果茨基的社会文化理论则强调了社会环境对学习和发展的影响，这为理解社会教育的重要性提供了理论支持。

校家社协同育人的发展历程可以追溯到20世纪70年代，当时教育学者开始注意到单一的学校教育难以满足学生全面发展的需求，提出了学校与家庭和社会协同的教育模式。然而，真正将这一模式系统化并广泛推广的是21世纪初的教育改革。在这一时期，随着全球化和信息化的发展，人才培养的要求变得越来越高，教育的责任也不再仅仅落在学校一方，家庭和社会的教育功能得到了越来越多的重视。

在我国，教育部等13个部门联合印发的《关于健全学校家庭社会协同育人机制的意见》中明确指出："健全学校家庭社会协同育人机制是党中央、国务院作出的重要决策部署，事关学生全面发展健康成长，事关国家发展和民族未来。"近年来，越来越多的地区开始进行校家社协同育人的实践探索，通过建立家庭学校社会协同育人工作机制、举办家庭教育讲座、开展社会实践活动等方式，推进校家社协同育人的实践。

总的来看，校家社协同育人是在多个学科理论的基础上发展起来的，它反映了教育理念的进步和社会发展的需求。在实践中，校家社协同育人也得到了越来越广泛的应用和认可，正在成为一种主流的教育模式。

（三）校家社协同育人的意义和价值

校家社协同育人作为一种教育理念和实践策略，具有深远的意义和价值。

首先，它有助于形成全方位、多层次、宽领域的教育环境。在这种环境下，学生可以在不同的情境中学习和成长，更好地融入社会，更全面地发展自我。学校、家庭和社会各有其独特的教育功能和资源，三者协同，可以形成更丰富、更多元的教育资源，为学生的全面发展提供更全面的支持。

其次，校家社协同育人有助于增强教育的连续性和一致性。在传统的教育模式中，学校教育、家庭教育和社会教育往往是孤立的，甚至有时会出现矛盾和冲突。而在校家社协同育人的模式下，学校、家庭和社会可以通过有效的沟通和协调，形成一致的教育目标和策略，使学生在不同的环境中得到一致的教育信息和支持，从而提高教育的效果。

最后，校家社协同育人有助于提高教育的公平性。一方面，学校、家庭和社会通过协同，可以更好地发挥各自的优势，弥补各自的不足，为所有学生提供更高质量的教育资源和服务。另一方面，校家社协同育人也强调了学校、家庭和社会对所有学生的共同责任，这有助于实现教育公平，让所有学生都有机会获得全面发展。

二、校家社协同育人的实践路径

（一）机制建设

校家社协同育人的实践要求建立有效的机制，以实现学校、家庭和社会的有效协同。其包括校家社三方共建共治机制、信息传递与沟通机制以及制度保障机制。

1. 校家社三方共建共治机制

校家社三方共建共治机制指学校、家庭和社会在教育过程中共同参与、共同决策的机制。这要求学校、家庭和社会不仅各自承担自己的责任，也要共同参与到教育的决策和实施中来。具体来说，可以关注以下几个方面：

（1）建立家校协作小组。由家长、教师和学校行政人员组成协作小组，小组成员定期更换，以确保更多的家长有机会参与。协作小组的任务包括制定学校政策、解决学校日常问题、策划学校活动等。

（2）社区参与。学校可以与社区机构合作，比如图书馆、博物馆、社区服务中心等，共同举办各种活动；可以邀请

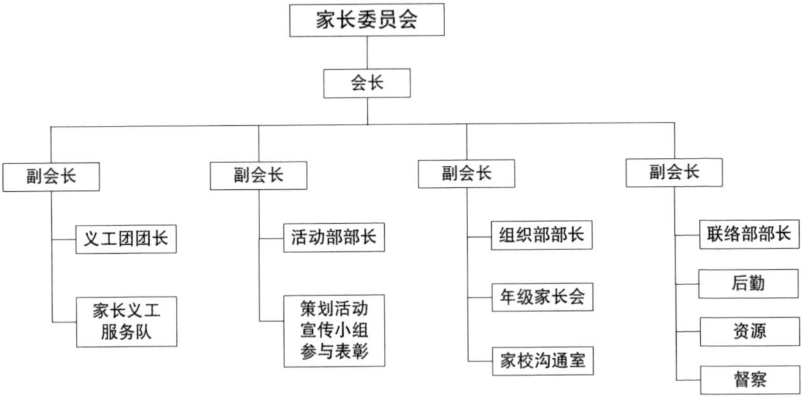

家长委员会架构

社区专家来校举办讲座或开设工作坊；还可以组织学生去社区机构实地学习。

（3）教师参与家长会议。家长会议不应只是家长的事，教师也应参与其中。教师可以在会议中分享教学方法，解答家长对课程的疑问，家长会也是家长与教师直接沟通的好机会。

2. 信息传递与沟通机制

信息传递与沟通机制指学校、家庭和社会在教育过程中进行信息交流和沟通的机制。这要求学校、家庭和社会能够有效地传递和接收教育信息，理解和尊重彼此的需求和期望，形成共识，协调行动。具体来说，可以关注以下几个方面：

（1）家长教师沟通平台。学校可以使用邮件、短信、电话、社交媒体等各种方式，定期向家长发送学生的学习进度、学校新闻和即将举行的活动等信息。另外，也可以设立一个专门的在线平台，如学校网站或App（应用程序），让家长随时查看学生的作业、成绩、出勤情况等。

（2）家访制度。家访不应只是教师单向传递信息，更应是双向交流的机会。在家访中，教师不仅可以了解学生的家庭环境，也可以听取家长对学校的意见和建议。同时，家访也是教师向家长解释学校政策、教学方法的好机会。

3. 制度保障机制

制度保障机制指通过法律法规、政策措施等形式，为校家社协同育人提供制度保障的机制。这要求政府和相关部门出台相应的法律法规、政策措施，确立校家社协同育人的地位，明确校家社协同育人的原则和要求，规定学校、家庭和社会的权利和责任。例如，2023年印发的《关于健全学校家庭社会协同育人机制的意见》等政策文件，就为校家社协同育人提供了明确的制度保障。这些政策文件可以为校家社协同育人提供稳定的制度环境，保障所有教育参与者的权益，推动校家社协同育人的实施。

（1）家校协议。家校协议应详细列出家长和学校的权利和责任，并应定期更新以适应教育的变化。例如，家长应尊重学校的教育方针，支持学校的活动；学校应尊重家长的教育权，定期向家长反馈学生的学习情况。

（2）社区教育法规。政府应出台相关法规，鼓励和规范社区的教育活动。例如，可以规定社区机构应为学生提供实习和志愿服务的机会，也可以规定学校应与社区机构合作，共同举办教育活动。这样做可以让社区教育更有序、更有效。

（二）体系构建

校家社协同育人的实践还需要建立一套完善的体系，以实现家庭教育、学校教育和社会教育的有效结合。这包括家庭教育支持体系、学校教育引领体系以及社会教育辅助体系。

1. 家庭教育支持体系

家长学校是一个重要的环节。通过定期举办家长教育课程，我们可以帮助家长们了解和学习发展心理学、有效的沟通技巧以及如何引导孩子学习等知识。这些课程可以在线下进行，亦可以通过在线教育平台进行远程教学，以满足不同家长的需求。例如，每季度可以邀请心理专家开设一次线上或线下的讲座，从专业的角度帮助家长更好地理解孩子的需求。

家长教育App的开发也是一个关键的措施。这样的App可以具有互动性，提供家庭教育的课程、讲座，以及专家答疑等功能。App可以实时更新教育资讯，搭建家长教育经验分享等板块，方便家长随时随地获取所需的教育资源。例如，App中可以设立一个问题解答区，家长遇到关于教育的问题可以直接在上面提问，专家或者其他家长可以根据自己的经验进行解答。

家校沟通机制的建立是构建良好家庭教育环境的关键。定期举办家长会、进行教师家访等，可以加强家校之间的沟通，让家长更清楚地了解孩子在学校的学习和生活情况。同时，学校可以开放教育平台，实时更新孩子的学习和生活情况，家长可以随时查看并给予反馈。例如，学校可以每月发送一次家校通讯，上面包括孩子在校的表现、学校即将举办的活动等信息，让家长能够更及时地掌握学校的情况。

为家长提供一系列的家庭教育资源，是加强家庭教育的有效方式。教育指导手册、家庭教育活动指南、亲子阅读书单等资源，都是具体的工具，可以帮助家长在家庭中实施有效的教育。例如，学校可以定期推送家庭活动建议，如科学实验、艺术创作等，这些活动既可以增进亲子关系，又可以让孩子在家中也能获得有趣的学习体验。

2. 学校教育引领体系

在构建学校教育引领体系的过程中，我们需要实施一系列细致且有针对性的措施，以满足全方位育人的目标。

学校教育的核心是全面育人的课程体系。除了传统的语文、数学、英语等学科，我们需要在课程设计中融入情感教育、社会实践、艺术体育等元素，以培养学生全面的能力。例如，我们可以设置每周一次的社区服务活动，让学生深入到社区中，参与各种社会活动。通过这种方式，学生不仅可以学到社会技能，还可以提升自己的社会责任感和公民素养。

家校合作是推动学校教育发展的重要途径。学校可以通过成立家长委员会，让家长参与到学校的教育决策中。例如，在制定校规、课程安排、学校活动等方面，学校可以听取家长的意见和建议，让他们成为学校教育的参与者和推动者。同时，学校还可以通过定期的家长会议、家长访问日等活动，增强家长对学校教育的了解和信任。

教师是实现全面育人目标的关键力量。学校需要定期举办教师研修活动，让教师了解、学习最新的教育理念和教学方法。例如，学校可以每学期举办一次教师研讨会，让教师分享自己的教学经验和困惑，互相学习，共同成长。同时，学校还可以邀请教育专家和心理咨询师，为教师提供专业的指导和帮助。

学校信息的公开和透明是建立良好家校关系的基础。学校可以通过学校网站、公告板、家校通讯等方式，及时发布学校的各项信息，如课程安排、活动计划、教育新闻等。例如，学校可以每周在学校网站上更新一次教育新闻，让家长了解学校的最新动态。同时，学校还可以在家校通讯中发布孩子的学习成果和表现，让家长了解孩子在学校的学习和生活情况。

3. 社会教育辅助体系

政府在社会教育的推进中起着重要的制度保障作用。通过出台相关政策，政府可以鼓励和支持社区、企事业单位、非营利组织等社会力量参与教育。为了具体落实这一政策，政府可以设立专门的社会教育基金，为开展社区教育活动提供必要的资金支持。这些资金可以用于资助社区教育项目，比如社区图书馆的建设、社区教育讲座的举办等。

社区教育活动是社会教育的重要组成部分。学校可以利用公共文化设施，定期举办各类教育活动，如科技展览、历史讲座、文化体验等。这些活动可以为学生提供丰富的学习资源和实践机会。例如，每个月都可以在社区图书馆举办一次科技展览，让学生近距离感受科技的魅力；每季度都可以邀请历史专家在社区中心举办一次历史讲座，让学生了解本地的历史文化。

社会实践活动是培养学生社会适应能力的重要途径。学生可以通过志愿服务、社区调研、实地考察等方式参与社会实

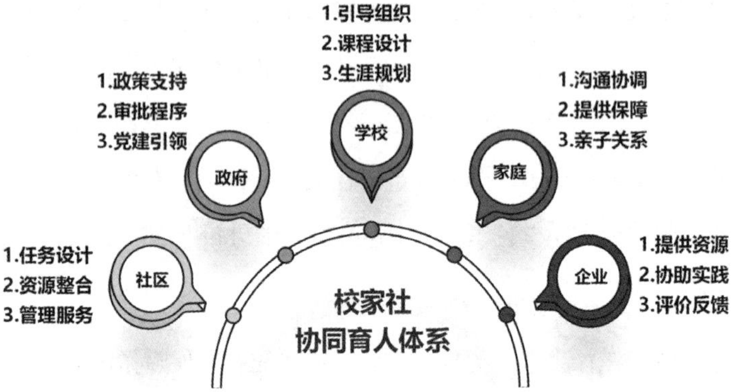

校家社协同育人体系

践，提高社会适应能力。例如，学生可以参加社区的环保志愿服务，帮助清理社区垃圾；可以进行社区老人生活情况调研，了解老年人的生活需求；可以去企业进行实地考察，了解企业的运作模式。

社会监督是保障社会教育质量的重要机制。通过第三方评估、社会满意度调查等方式，定期评价和反馈社会教育的质量和效果，可以促进社会教育的持续改进。例如，每年都可以邀请教育专家进行一次社区教育的评估，将评估结果反馈给社区，让社区了解自己在教育工作方面的优点和不足，以便及时改进。同时，也可以进行社会满意度调查，了解社区成员对社区教育工作的满意度，为改善社区教育提供参考。

（三）学生成长共同体的建设

学生成长共同体指以学生为主体，家长、教师、社会各方共同参与，共同关注学生的成长、共同推进学生的发展的群体。构建学生成长共同体，是实现校家社协同育人的重要途径。

1. 以学生为主体的自主学习共同体

学生成长共同体是以学生为主体的自主学习成长的教育新模式，它强调学生在学习过程中的主导地位，同时也鼓励教师、家长和社会扮演支持者和指导者的角色。在这种模式下，教育实施策略和举措可以非常具体和生动。

例如，学校可以定期举办“学生研究周”，在这一周内，学生可以自主选定一个研究主题，如环保、历史、科技创新等，然后进行为期一周的研究。在研究的过程中，学生需要自己设计研究计划，寻找和分析资料，最后形成一份研究报告。教师的角色是提供指导和支持，比如帮助学生确定研究方向、提供资料查找的方法、解答研究过程中的问题。

同时，学校也可以引入个性化学习计划，这是一种针对每个学生的特点和需求设计的学习计划。例如，对于在数学方面有特长的学生，可以提供更深入的数学课程或项目；对于对艺术感兴趣的学生，可以提供更多的艺术实践机会。学校可以设立学习社区和学习小组，以增强学生的团队协作能力和社区责任感。例如，学校可以设立一个“社区服务小组”，由学生自主申请加入，小组成员定期在社区开展志愿服务活动，如清洁公园、帮助老年人等。这些活动不仅可以帮助学生提高社会实践能力，也有利于培养他们的社区责任感。

2. 家长、教师、社会各方参与的全方位引导共同体

家长在全方位引导共同体中起着至关重要的作用。他们主要负责培养孩子的良好生活习惯和道德品质。例如，家长可以通过实施“一周一个小目标”计划，每周设定一个小目标，如按时完成家务任务、与家人共享阅读时光等，引导孩子在完成这些目标的过程中，养成良好的生活习惯和道德品质。此外，家长还可以通过举行家庭会议的方式，让孩子参与到家庭决策中，从而培养他们的责任感和团队协作精神。

教师则要从学校角度关注学生的全面发展。在课堂教学中，教师可以设计一系列问题引导式的学习活动，鼓励学生自主思考和提问。例如，教师可以在科学课程中，让学生设计和执行一个简单的科学实验，这不仅能够让学生实践科学探究方法，还能够激发他们的好奇心和探究欲。此外，教师还可以组织小组讨论和汇报，让学生在团队合作中，养成批判性思维和提高沟通技巧。

社会作为全方位引导共同体的一部分，要关注学生的社会技能和公民素质的发展。学校可以与社区、企业、非营利组织等合作，为学生提供社会实践的机会。例如，学校可以与当地的环保组织合作，组织学生参加一次社区清理活动，让学生了

解环保的重要性，并亲自参与到环保活动中。另外，学校还可以邀请社会人士到学校进行职业介绍，让学生了解各种职业的特点和要求，为今后的职业规划提供参考。

（四）生涯规划的指导

在校家社协同育人的实践中，生涯规划的指导起着重要的作用，其可以帮助学生了解自我、探索兴趣、明确目标、规划未来，从而更好地实现全面发展。

1. 生涯规划理念的引入与普及

生涯规划理念的引入与普及是教育改革的重要一环。生涯规划不仅关注个人的职业选择和发展，还注重个人的兴趣、能力和价值观的培养。这种理念的引入，使我们看到每个学生都是独特的，他们有自己的兴趣和梦想，有自己的价值和目标。因此，我们的教育应该是全面的，不仅仅要关注学生成绩，更应关注他们的个性发展和未来规划。

具体来说，我们可以通过以下几种方式来引入和普及生涯规划理念：

首先，教育政策层面，政府和学校应当明确生涯教育的重要性，并将其纳入教育改革的议程。例如，教育部门可以在教育政策中明确提出对生涯教育的支持，鼓励学校开设生涯教育课程，提供生涯规划服务。

其次，课程设置层面，我们可以将生涯规划的内容融入各个学科中，让学生在学习过程中，自然而然地了解到生涯规划的重要性。例如，语文课上，可以让学生读一些关于职业发展的文章；数学课上，可以让学生了解各种职业需要的数学知识；音乐课和体育课上，可以让学生体验艺术和运动的魅力，从而发现自己的兴趣和潜能。

最后，教师培训层面，我们需要提高教师对生涯规划理念的理解和认同，让他们能够在日常教学中，引导学生思考自己的兴趣和梦想，帮助他们规划未来。例如，教育部门可以定期举办生涯规划教育的培训工作坊，让教师了解生涯规划的理论和方法，提高生涯规划教育能力。

2.生涯规划教育的策略与方法

在生涯规划教育的策略与方法方面，我们可以根据学生的年龄和需求，采用不同的教学方法。对于中学生，我们可以通过生涯规划课程和职业体验活动，帮助他们了解自我、探索兴趣、实践梦想。

此外，我们还可以通过导师制度，为学生提供个性化的指导和支持。导师可以根据学生的兴趣和需求，提供个性化的生涯规划建议，帮助他们解决学习和生活中的问题。同时，学校还可以利用社会资源，如邀请社会人士举办职业规划讲座、组织企业参观活动，让学生有更多机会了解社会和职业，为他们的生涯规划提供更多的信息和选择。

3. 校家社协同在生涯规划中的角色

校家社协同在生涯规划中的作用是至关重要的。具体来说，学校、家庭和社会扮演着各不相同但相互补充的角色。

家庭是生涯规划的起点。父母是孩子们的第一任老师，他们的价值观、期望和行为会对孩子的生涯规划产生深远影响。例如，家长可以定期与孩子进行一对一交谈，了解孩子的兴趣、优势和梦想，同时也可以分享自己的职业经验和人生感悟，帮助孩子建立初步的生涯认知。家长也可以鼓励孩子参与各种家庭和社区活动，让他们在实践中了解自己，发现自己的兴趣和潜力。

学校是生涯规划的主阵地。学校可以通过开设生涯教育课程，让学生系统地学习生涯规划的知识和技能。教师可以在课程中引导学生了解各种职业，探索自己的兴趣和价值，设定学习和职业目标。学校还可以组织各种职业体验活动，比如职业探索营、企业参观、实习实践等，让学生直接接触和体验职业生活，从而更明确自己的职业倾向。

社会是生涯规划的延展。社区、企业、非营利组织等社会机构可以提供丰富的资源和服务，帮助学生实现生涯规划。例如，社区可以组织各种公益活动，让学生在参与过程中发现自己的社会责任和使命；企业可以提供实习和就业机会，让学生了解职场环境，提升职业技能；非营利组织可以提供志愿服务、社会实践等机会，让学生在服务中实现自我价值。

（五）心理健康教育

在校家社协同育人的实践中，心理健康教育是不可或缺的重要部分。心理健康教育不仅有助于提升学生的心理素质，更有利于他们的全面发展。

1. 心理健康教育的重要性与意义

心理健康教育的重要性在于，心理健康是学生全面发展的基础，关乎学生的学习、生活以及未来的职业发展。有良好健康的心理状态，学生才能更好地应对生活中的压力和挑战，具有更强的自我调适和自我提升的能力。同时，心理健康教育也有助于培养学生的社会情感技能，如同理心、合作意识、冲突解决等，这些都是在社会中不可或缺的能力。

2. 心理健康教育的核心内容与方法

心理健康教育的核心内容包括：认识自我、学会自我调适、建立良好的人际关系、培养良好的生活习惯和态度。

在认识自我这一环节，学生应该学习如何理解自己的情绪和需求。在日常的课堂教学中，教师可以引导学生写作情绪日记，记录一周的情绪变化和主要事件，然后在课堂上分享。这种方法不仅可以帮助学生更好地理解自己的情绪，还可以提高他们的自我观察和自我理解能力。

在学会自我调适环节，学生需要学习如何应对生活中的压力和挑战。学校可以通过设置“压力管理”主题周来实施这一目标，例如，教师可以分享一些简单的压力管理技巧，如深呼吸和冥想，然后让学生在每天早晨的集会上进行实践。

在建立良好的人际关系环节，学校可以组织一些团队合作的项目，比如科学研究项目或社区服务项目，让学生在合作中学习如何有效沟通、如何解决冲突、如何达成共识。这种实践活动不仅可以提高学生的人际交往能力，也可以提高他们的团队合作能力和问题解决能力。

在培养良好的生活习惯和态度环节，学校可以举办一系列活动，比如进行“乐观之星”评选，鼓励学生分享他们在困难中保持乐观、克服挑战的故事，然后由全校师生投票选出最具鼓舞性的故事，给予奖励。

在实施心理健康教育的具体方法上，除了常规的课堂教学，学校还可以提供一对一的心理咨询服务，帮助有需要的学生解决他们的心理问题。同时，学校还可以开展各种心理主题的工作坊，比如情绪管理工作坊、人际交往工作坊等，让学生有机会学习和实践具体的心理技巧。

3. 校家社协同在心理健康教育中的作用

家庭环境是孩子最初和最直接的心理发展场所。父母或其他家庭成员的行为和态度往往会对孩子的心理健康产生深远影响，例如积极乐观的家庭氛围可以培养孩子面对生活压力的韧性。此外，父母可以与孩子进行定期的心理健康对话，关注孩子的情绪变化，及时发现并解决可能出现的心理问题。

学校是孩子获取心理健康知识和技能的主要场所。学校可以通过心理健康课程，让孩子了解自我，学会处理压力，建立良好的人际关系。同时，学校也可以提供心理咨询服务，为有心理需求的孩子提供专业的帮助。此外，学校还可以组织各种心理健康主题的活动，比如自尊自信训练营、情绪管理工作坊等，让孩子的心理健康水平在实践中得到提高。

社会是孩子接触更广阔世界、实践心理技能的重要场所。社会可以提供丰富的资源和机会，让孩子在实际环境中运用和发展他们的心理技能。例如，公共图书馆可以举办青少年读书俱乐部，让孩子在读书交流中提高他们的社交技巧；社区可以组织各种公益活动，让孩子在服务中增强同理心和责任感。

三、校家社协同育人的成功案例分析

（一）国内外成功案例介绍

1. 北京市海淀区的“亲子学校”

北京市海淀区的“亲子学校”是一个由海淀区教育系统、社区和家长共同创建的公共教育服务平台。这个项目的目标是通过协同合作，提供一种新的教育模式，帮助家长提升育儿技能，增进与孩子的亲子关系。

“亲子学校”项目的活动包括“家长讲堂”“亲子阅读”“家庭实践活动”等。

“家长讲堂”是一个定期举行的活动，邀请有经验的教育专家和心理专家，为家长提供育儿知识和技巧。这些讲座的主题多种多样，包括如何处理亲子冲突、如何激发孩子的学习兴趣、如何引导孩子的价值观等。

“亲子阅读”活动鼓励家长和孩子一起阅读，提升孩子的阅读兴趣和能力。学校会提供一些推荐的书目，并且组织一些亲子阅读活动，如亲子读书会、亲子阅读分享等。

“家庭实践活动”鼓励家长和孩子一起参与一些实践活动，如亲子烹饪、亲子手工、亲子科学实验等。这些活动不仅增强了亲子关系，还能让孩子在实践中学习和发展。

2. 美国的WSCC（全学校、全社区、全儿童）模型

WSCC模型是美国疾病控制与预防中心（CDC）和美国督导与课程开发协会（ASCD）共同提出的。这个模型的目标是通过协同合作，全面关注学生的健康和学习，促进学生的全面发展。

在WSCC模型的实践中，具体的活动包括康健教育、社区服务、家庭参与等。

健康教育方面，学校会开设一些健康教育课程，如营养教育、运动教育、心理健康教育等。这些课程旨在提升学生的健康知识和技能，形成良好的健康习惯。

社区服务方面，学校会与社区合作，组织一些社区服务活动，如环保活动、公益活动、社区研学等。这些活动让学生在实践中学习和发展，培养他们的社会责任感和公民素质。

家庭参与方面，学校会鼓励家长参与学校的教育活动，如家长讲座、家长开放日、家长志愿者等。这些活动能够让家长了解学校的教育理念和实践，增强家校之间的沟通和合作。

（二）案例中的成功因素分析和对实践的借鉴意义

1. 成功因素分析

在北京市海淀区的“亲子学校”和美国的WSCC模型中，学校、家庭和社会三方都积极参与和协同合作，形成了良好的教育合力。这种合力有助于全面关注和促进学生的发展，提高教育的效果。

（1）多元化的教育活动和资源

两个案例中的教育模式都提供了丰富多样的教育活动和资源，满足了学生的不同需求，激发了学生的学习兴趣和参与热情。这些活动和资源不仅提升了学生的知识和技能，还培养了学生的创新精神和社会责任感。

（2）对学生全面发展的关注

两个案例中的教育模式都强调了学生全面发展的重要性，其不仅关注学生的学习成绩，也关注学生的身心健康、社会情感发展等方面。这种全面关注有助于促进学生的全面发展，实现教育的终极目标。

2.对实践的借鉴意义

学校、家庭和社会三方的协同合作是实现全方位育人的重要途径。因此，学校、家庭和社会必须紧密协同合作，构建共建共治的教育机制。

（1）提供丰富多样的教育活动和资源

多元化的教育活动和资源有助于满足学生的不同需求，激发学生的学习兴趣和参与热情。因此，校家社三方需要提供丰富多样的教育活动和资源，增强教育的吸引力和影响力。

（2）重视学生全面发展

学生全面发展是教育的终极目标。因此，校家社三方关注学生的全面发展，不仅要关注学生的学习成绩，也要关注学生的身心健康、社会情感发展等方面。

四、校家社协同育人面临的挑战及对策

（一）当前实践中存在的问题与挑战

首先，学校、家庭和社会三方的参与程度和合作关系是实现校家社协同育人的关键，但在实践中，这个关系常常面临挑战。具体来说，学校可能因为资源紧张、教育压力大、教师能力不足等原因，难以提供充分的教育服务和支持；家长可能因为工作繁忙、教育理念差异、技能不足等原因，难以充分参与和支持孩子的教育；社会可能因为政策制度、公共资源、社区环境等原因，难以为家庭和学校提供有效的帮助和支持。这些问题使得校家社协同育人的实施变得困难，影响了教育的效果。

其次，校家社协同育人的资源和服务是实现教育目标的重要条件，但在实践中，这些资源和服务常常存在不足。例如，一些地区和学校可能因为经济条件、地理位置、人口结构等因素，难以提供充足和多样的教育资源和服务。另外，一些资源和服务可能并没有充分考虑到学生和家庭的个性化需求和差异化情况，使得一部分学生和家庭难以从中获益。这些问题使得校家社协同育人的实施效果受到限制，给教育的公平和效率带来挑战。

最后，校家社协同育人的效果评价和改进是保证教育质量的重要手段，但在实践中，这个环节常常被忽视或执行不力。目前，校家社协同育人的效果评价主要依赖于学生的学习成绩和满意度，这些指标虽然重要，但可能无法全面反映校家社协同育人的实际效果，如学生的身心健康、社会情感发展、生活技能水平等。另外，即使有了评价结果，如何根据这些结果进行反思和改进，提升校家社协同育人的实践质量，也是一个重要但尚未解决的问题。

（二）针对性的解决策略

针对上述挑战，我们可以采取一些解决策略。

首先，加强学校、家庭和社会三方的沟通与合作。在具体实施中，可以通过定期开展会议、研讨会、培训等活动，促进学校、家庭和社会的交流与理解。同时，也需要建立有效的协同机制，确保各方的资源、理念、策略能够有效共享。例如，可以设立校家社协同育人协调小组，负责规划、执行和评估校家社协同育人活动。

其次，完善校家社协同育人的资源和服务。这需要我们从政策、资金、技术等方面，给予校家社协同育人足够的支持。例如，可以通过教育政策，鼓励和支持学校、家庭和社会参与教育；可以通过资金投入，提供必要的教育资源和服务；可以通过技术应用，提高教育的效率和质量。

最后，建立科学的效果评价和改进机制。这需要我们从多个角度和维度，全面评价校家社协同育人的效果，如学生的学习成绩、身心健康、社会技能等。同时，也需要根据评价结果，及时调整和改进校家社协同育人的实践。例如，可以设立校家社协同育人评价小组，负责收集和分析评价数据，提出改进建议。

面对当前的教育挑战，校家社协同育人的模式提供了一个有效的解决方案。它将学校、家庭和社会三者紧密结合，全面关注和促进学生的发展，实现教育的全人化、生活化和社会化。

对校家社协同育人的未来，我们有以下的展望：

首先，校家社协同育人的理念和实践将更加深入人心。随着教育理念的变革和社会需求的变化，校家社协同育人将被更多的人认识和接受。同时，校家社协同育人的实践也将在更广的范围和更深的层次上展开。

其次，校家社协同育人的机制和体系将更加完善。随着研究的深入和实践的积累，我们将建立更有效的协同机制，构建更全面的教育体系，提供更优质的教育资源和服务。

最后，校家社协同育人的效果将更加显著。随着教育质量的提升和教育公平的实现，学生将得到全面的发展，社会也将因此持续进步。

对于实践者，我们有以下的建议：

首先，深入理解并积极实践校家社协同育人的理念。校家社协同育人是一种全新的教育模式，需要我们改变传统的教育观念，以更开放的心态接受和实践。

其次，注重校家社协同育人的实践和创新。在实践中，我们需要结合本地的实际情况，灵活运用和创新校家社协同育人的策略和方法。

最后，建立科学的评价和反馈机制。评价和反馈是提升教育质量的重要手段，我们需要通过科学的评价，了解校家社协同育人的效果，根据反馈调整和改进教育实践。

总的来说，校家社协同育人是教育发展的重要方向。我们期待在实践者的共同努力下，校家社协同育人能够更好地服务于学生和社会，实现教育的最大价值。

第三节　通过引领学生活动实现全方位育人

习近平总书记指出，要把立德树人融入思想道德教育、文化知识教育、社会实践教育各环节，贯穿基础教育、职业教育、高等教育各领域，学科体系、教学体系、教材体系、管理体系要围绕这个目标来设计，教师要围绕这个目标来教，学生要围绕这个目标来学。

国务院办公厅印发的《关于新时代推进普通高中育人方式改革的指导意见》要求："坚持把立德树人融入思想道德教育、文化知识教育、社会实践教育各环节……积极开展党团组织活动和主题教育、仪式教育、实践教育等活动。"

教育部印发的《中小学德育工作指南》中明确指出，要精心设计、组织开展主题明确、内容丰富、形式多样、吸引力强的教育活动，以鲜明正确的价值导向引导学生，以积极向上的力量激励学生，促进学生形成良好的思想品德和行为习惯。

与传统的直接说教、灌输的德育方式相比，作为德育六大实施途径之一的活动育人，更符合学生道德发展的需要，是落实全方位育人的重要途径和纽带。一方面，它可以激发学生的兴趣和内驱力，让正值青春发育期和情感叛逆期的中学生根据内在需求，自发学习、自主成长、全面发展；另一方面，它可以调动学校、家庭、社会的各类资源，为学生的成长提供各类资源平台，为全方位育人保驾护航。

一、活动育人的内涵与特质

有学者将学校德育按照德育的方式划分为三类：以传统说教和道德知识灌输为主要特征的基础德育，以学校、社团等团体组织开展活动为主的活动德育，以志愿者团体、学校等组织的社会体验和实践为主的实践德育。《中小学德育工作指南》则将德育的实施途径归纳为课程育人、文化育人、活动育人、实践育人、管理育人、协同育人六大方面。活动育人与以说教、灌输为特征的基础德育和以体验、实践为特征的实践德育不同，是课程育人、文化育人、实践育人、管理育人、协同育人之外的与德育密切相关的育人方式。

（一）活动育人的内涵

所谓“活动”，即为达到某种目的而采取的行动。很多学者都对德育活动的概念进行了界定。但武刚认为：“学校德育活动指学校教育者根据德育目的，组织学生通过交往、操作活动对象，并经过内部反省以形成品德的过程。”段鸿认为：“班级德育活动指在班级范围内进行的有明确德育目标的各种道德教育活动的总和。”班建武认为：“德育活动是学生通过道德实践的方式领悟特定价值追求，体验道德情感，培养道德信念，形成良好行为习惯的德育方法。”

根据《中小学德育工作指南》的要求，结合学者对德育活动的定义，我们可以将“活动育人”定义为：学校为达到某种育人目标，联合学生、教师、家长、社会等多方力量，在特定的条件和环境下组织实施的以学生为主体、以活动为载体的校内外教育行动。

（二）活动育人的特质

1. 育人主体的能动性

德育活动是以人为主体的活动，教育者和受教育者都是有能动性的人。与传统的被动输入式教育方式不同，活动育人是一种先输出再输入的育人方式。学生在活动中充分发挥主观能动性，调动自己的知识储备，积极地解决问题，进而在此过程中丰富情感体验，实现思想升华，获得人生成长。

2. 育人内容的全面性

活动育人是贯通课程育人、文化育人、实践育人、管理育人、协同育人的连通器，使六大德育途径连通起来。活动内容的丰富性和活动过程的复杂性，让学生在活动过程中获得德智体美劳全方位的体验和成长。

3. 育人方式的实践性

实践性是活动育人的主要特性。与在封闭的教室里的空洞说教和被动灌输不同，活动育人以学生自身为主体，以丰富多彩的活动为载体，充分调动学生的内驱力，让学生在亲身的实践和体验中成长。

4. 育人资源的协同性

活动育人要顺利实施，必须调动校内外多方资源和各方力量，根据育人目标，统筹学生、学校、家长、社会等多方教育资源，多方协同搭建平台，帮助学生在活动中成长。

5. 育人效果的生成性

与课程育人、文化育人、管理育人不同，活动育人的效果更多是润物细无声的。学生在活动中耳濡目染，在潜移默化中实现自身认知的改变和思想的升华，这种成长难以限时量化考核，却对学生的成长有着重要作用。

二、在活动中实现全方位育人的要点

活动育人因为其育人主体的能动性、育人内容的全面性、育人方式的实践性、育人资源的协同性以及育人效果的生成性，可以实现育人内容全包含、育人资源全调动、育人渠道全覆盖、育人主体全激发，使“全方位育人”得以实现。

（一）“五育并举”，涵盖全体德育内容

活动育人首先必须主题明确，以五大德育内容为主体，以“五育并举”为目的，实现立德树人的根本任务，要避免形式化、浅层化、空心化的陷阱。

党的二十大报告指出："育人的根本在于立德。全面贯彻党的教育方针，落实立德树人根本任务，培养德智体美劳全面发展的社会主义建设者和接班人。"《中小学德育工作指南》明确指出，德育的内容包括理想信念教育、社会主义核心价值观教育、中华优秀传统文化教育、生态文明教育、心理健康教育五大方面。活动育人，必须紧紧围绕立德树人这一育人使命，全面覆盖德智体美劳各方面的内容，将理想信念教育、社会主义核心价值观教育、中华优秀传统文化教育、生态文明教育、心理健康教育五大德育内容蕴含于活动育人的过程中。五大德育内容是活动育人的主要内容，"五育并举"是活动育人的根本目的，活动育人必须围绕"五育并举"这一目标，以五大德育内容为内涵，促进学生全面发展。

（二）搭建平台，调动全部德育资源

活动育人必须统筹协调，调动多元德育资源，搭建德育平台，为学生成长保驾护航。

《关于健全学校家庭社会协同育人机制的意见》指出，要"坚持协同共育。明确学校家庭社会协同育人责任，完善工作机制，促进各展优势、密切配合、相互支持，切实增强育人合力，共同担负起学生成长成才的重要责任"，"到2035年，形成定位清晰、机制健全、联动紧密、科学高效的学校家庭社会协同育人机制"。在活动育人中，学校要发挥好积极主导的角色，围绕立德树人这一中心任务，充分调动学校、家庭、社

会三方全方位的教育资源，把统筹用好各类学校资源、家长资源、社会资源作为强化实践育人的重要途径，积极拓展校外教育空间，着力培养学生的社会责任感、创新精神和实践能力，让各类资源优势互补，各尽其用，各显其能，为学生的成长提供资源保障。

（三）创新途径，开拓全面德育途径

活动育人必须形式多样，创新德育途径，以多种多样的活动增强德育的吸引力。

《中小学德育工作指南》要求活动育人必须开展“主题明确、内容丰富、形式多样、吸引力强的教育活动”，“以积极向上的力量激励学生，促进学生形成良好的思想品德和行为习惯”。在活动育人的过程中要能够根据学生的心理发展特征，结合学生的爱好和兴趣，充分发挥班委会、学生会、社团组织、家委会等组织的作用，开展学生喜闻乐见、易于接受的教育活动，努力做到常规活动创新化、家校活动精品化、校社联动主题化，寓教于乐、融学于趣、化教于心，让学生在有趣味、有意义的活动中塑造品德和人格，获得思想的升华和灵魂的净化，成为有志气、有骨气、有底气的时代新青年。

（四）多元评价，激发全员德育主体

活动育人必须多元评价，建立立体的评价体系，充分激发每位学生的内驱力。

多元智能理论告诉我们，人类的思维和认知方式是多元的，学生在意义建构的过程中，表现出来的能力不能用单一维度的数值反映，而是多维度、综合能力的体现，因此我们对学生的评价应该是多方面的，应遵循评价主体多元化、评价内容多维化、评价方法多样化的原则，促进学生全面发展。就评价主体而言，除教师外，还要在活动中调动学校管理人员、学生家长、学生群体和个体以及学校以外的其他有关人员参与评价，使评价结果更为客观。就评价内容而言，不能单独从一个方面去评价学生技能的高低，而应从语言智能、人际关系智能、音乐智能、自我认识智能、身体运动智能、空间智能、逻辑数学智能等多元智能领域对学生进行立体评价。就评价方式而言，应根据评价主体和评价内容的特点，综合采用自我评价和他人评价、量化评价和质性评价等评价方式。总之，在活动育人过程中，应采取多主体、多内容、多方式的多元评价体系，对学生进行综合评价，寓“评”于“教”，以“评”促“教”，激发学生的积极性。

三、在活动中实现全方位育人的实施途径

教育部印发的《中学生德育工作指南》中对活动育人的内容提出了明确的要求和具体的操作策略。为了落实《中学生德育工作指南》要求，构建活动育人的体系，我们需要在活动的管理、设计、衔接、资源调动等方面做好整体设计，以达到

育人的效果。据此，我们可以根据育人内容和育人主体，构建“学生—学校—家庭—社会”四位一体的活动育人实施路径。

（一）班级活动序列化，循序渐进培养学生基本素养

班级是学校德育工作开展的主阵地，班级活动可以分为常规活动和专项活动。常规活动是一个班级日常长期开展的德育活动，比如操行表现教育、文明礼貌教育、爱国爱班教育等。专项活动是结合德育问题和德育契机开展的德育专题活动，比如传统文化教育、生态文明教育、心理健康教育等。班级开展的德育活动，要避免无序化、重叠化、低效化，必须围绕高中三年的德育总目标，结合学生各阶段的特征，根据高中各年级学习生活的要求，有的放矢、循序渐进、持之以恒地依序开展常规活动和专项活动，进而实现久久为功、潜移默化的教育效果。

例如，将培养“身心健康、敢于担当、锐意创新、自主生长的拔尖创新人才”的育人总目标，融入高中三年的班级德育活动过程（详见下页班级育人目标实施规划表），从健身心、有担当、敢创新、自生长四方面，对育人目标进行分阶段、分类别的分解，通过“修身筑梦”“赋能逐梦”“笃行圆梦”三个阶段，逐步实现三年育人总目标。

（二）学校活动精品化，多维度培养学生的能力

德育活动是学校以活动方式育人的重要途径，包括主题教育活动、社团活动、节日活动、社会实践、团队活动等多种形

班级育人目标实施规划

总体育人目标		铸南山之魂，育南山之人			
班级建设目标		建设自胜自强惟精惟一、敢于创新知行合一、互助担当相与为一的南山班			
学生发展目标		成为身心健康、敢于担当、锐意创新、自主生长的拔尖创新人才			
班级阶段目标	高一	明德修身，立志筑梦，铸“南山”之魂			
	高二	厚德赋能，励志逐梦，赋“南山”之能			
	高三	弘德笃行，遂志圆梦，启“南山”之程			
学生阶段目标	年级	健身心	有担当	敢创新	自生长
	高一	喜欢运动 学会生活	认识自我 敢于担当	激发兴趣 热爱创新	自知自律 找到动力
	高二	增强体魄 规划生涯	关爱集体 勇于担当	实践研究 学习创新	自励自强 提高能力
	高三	调整体能 激扬生命	服务社会 善于担当	展示成果 自觉创新	自主自立 绽放效力

式。通过设计开展多样的德育活动，学校能够落实帮助学生厚植家国情怀、培育和践行社会主义核心价值观、弘扬中华优秀传统文化等德育核心内容。

学校要结合学校的课程教学内容及办学特色，充分利用课后时间组织学生开展丰富多彩的活动。学校活动要实现主题化、序列化、精品化，针对某一个主题、某一个目标开展综合性活动，营造一种特定的氛围，形成一种舆论环境，让每一个身处其中的成员受到教育，从而自觉参与到活动中，在短期内达成最大的教育效果。

1. 抓住关键节点，开展仪式教育活动

仪式教育活动要创新方式方法，体现庄严神圣，与学校特色和学生个性展示相结合，发挥思想政治引领和道德价值引领作用。学校既要在每周一及重大节会活动举办好升旗仪式，奏唱国歌，开展向国旗敬礼、国旗下宣誓、国旗下讲话等活动，培养学生爱国情怀，增强集体荣誉感；也要抓住入学、开学、入队、入团、成人、毕业等关键时间节点，开展好有特殊意义的仪式活动，让学生在关键节点通过仪式教育升华思想、拔节生长。

2. 利用各类节日，开展节日、纪念日活动

各类节假日是开展德育活动的重要契机，学校要利用节假日引导学生积极参加各类活动，在实践活动中加深对节日文化内涵的理解和认同。可以利用春节、元宵、清明、端午、中秋、重阳等中华传统节日以及二十四节气，开展介绍节日和节气历史渊源、精神内涵、文化习俗等的校园文化活动，增强学生对传统节日和节气的体验感和文化认同感。再则，可以利用植树节、劳动节、青年节、儿童节、教师节、国庆节等重大节庆日集中开展爱党爱国、民族团结、热爱劳动、尊师重教、爱护环境等主题活动，培养学生的社会责任感和家国情怀，塑造学生完整的人格。此外，还可以利用学雷锋纪念日、“七一”、“八一”建军节、抗战胜利纪念日、烈士纪念日、南京大屠杀死难者国家公祭日等重要纪念日，以及世界地球日、世界环境日、世界卫生日、全民国家安全教育日、国际禁毒日、中国航天日、中国航海日等主题日，设计开展相关主题

的教育活动，加强对学生的思想引领，培养学生忠于祖国、为实现中华民族伟大复兴而努力奋斗的情怀。

3. 组织各类社团，开展多彩的校园活动

学生组织和社团是丰富校园文化、拓展学生能力、增强凝聚力的有效形式，是开展第二课堂教育的主阵地，可以充分培养学生的兴趣，挖掘潜在的能力，促进学生的全面发展。学校要加强对学生会组织、学生社团的指导管理，发挥学生会作用，完善学生社团工作管理制度，建立体育、艺术、科普、环保、志愿服务等各类学生社团，为学生社团提供经费、场地、活动时间等方面的保障，充分发挥学生组织和学生社团的育人作用。可以通过开展学生组织百团纳新活动、社团节展示活动、校园义卖活动、学生组织假期社会实践活动等各类活动，让学生在活动中培养兴趣、发掘潜力，实现全方面发展。

4. 打造每月一节，在精品活动中立德树人

校园是一个丰富的文化生态系统，应让每位学生都能在这个系统中发现自己、发展自己。为此，学校可以结合办学特色和学生实际，举办丰富多彩、寓教于乐的校园节日活动，打造“每月一节”系列精品活动。比如三月“雷锋节”、四月“读书节”、五月“劳动节”、六月“科技节”、九月“感恩节”、十月“体育节”、十一月“艺术节”、十二月“法治节”，在各类节日活动中，培养学生兴趣爱好，充实学生校园生活，磨炼学生意志品质，促进学生身心健康发展。

（三）家校活动协同化，共同助力学生成长

苏霍姆林斯基曾说过，没有家庭教育的学校教育和没有学校教育的家庭教育，都不可能完成培养人这样一个极其细微的任务。教育是一个有机整体，离不开学校、家庭的共同配合，家校共育是促进学生健康和谐发展的重要手段和途径。《中共中央关于进一步加强和改进学校德育工作的若干意见》指出："学校教育、家庭教育、社会教育紧密配合。学校要主动同家长及社会各方面密切合作，使三方面的教育互为补充、形成合力。"开展家校活动，要让家庭教育和学校教育拧成一股绳，统一思想，密切配合，步调一致，共同促进学生发展。

1. 组建家校共育"后援团"，建设好育人"大后方"

家庭是教育的大后方，离开了家庭教育，再好的学校教育也必将孤掌难鸣。家校共育必须首先理顺学校教育与家庭教育的关系，明确家长的角色定位，畅通家校的沟通交流，达成教育共识，采取协调的教育策略，才能让家长与老师分工合作，齐心协力，共同致远。为此，学校可以通过组建家长委员会、开设家长学校、举行家长接待日等形式，同学生家长经常联系，大力普及家庭教育知识，引导家长参与德育过程。班主任可以通过组建班级家长群、成立班级家委会、组建班级家长分工后援团、召开亲子教育大家谈等活动，引导家长积极参与家校共育，明确家长在教育过程中的角色定位，更新家长的教育观念，学习亲子教育策略，统一认识，高效沟通，分工合作，

实现多角度、全方位、深层次的交流互动。

2. 指导家教家风建设，打造好完整的育人生态系统

大家往往把育人的重点聚焦在学校、班级和课堂，其实，学校只是育人生态系统中的一部分，家庭是更为重要的另一部分。

古人云，观人于揖让，不若观人于游戏。学生在学校这一公开的场合，往往揖让进退，彬彬有礼，但是在家庭中则会把最真实的自我表现出来。而这最真实的一面，才能体现育人的真正效果。家长是学生的第一德育导师，家庭是学生的第一德育课堂，家长的人生观、道德观和价值观都会对学生产生深远而深刻的影响。

习近平总书记多次强调，要“注重家庭、注重家教、注重家风”。党的二十大报告提出，要“加强家庭家教家风建设”。所以，家校共育，首先要开展家教家风建设活动，让学生在良好的家教家风中潜移默化地养好习惯，完善人格。为此，班级可以开展“家风家教大家谈”等家校活动，围绕“自主自立，学会沟通，学会感恩，热爱劳动，喜欢读书，坚持运动”等话题内容，让每个家庭提炼形成自己家庭的家训，并向其他家庭分享介绍家教家风的传承策略。这样，一方面可以让学生在良好的家教家风中成长，巩固学校学习的成果；另一方面，也可以让家长们学习借鉴其他家庭的优秀传统，促使家长自我成长。

3. 开展丰富多彩的家校活动，引导家长参与到班级建设中

家庭教育既是学校教育的基础，又是学校教育的补充，学校和班级要充分挖掘家长资源，让家长参与到班级的德育活动中，并在班级的育人活动中各尽其责、各展所长、各尽其才。比如，学校在学生选课走班前可以举办学校家长职业分享日，统筹整合学校的家长资源，邀请各行各业的家长代表来到学校，分类别、有针对性地向学生进行职业介绍，让学生加深对自己理想职业的认识，更深层次地了解该行业对学历、能力的要求。班级则可以以班为单位开展本班级的职业体验日活动，整合班级的家长资源，让条件适合的家长利用节假日组织班级同学到自己工作的单位进行1—2天的深度职业体验。这样，一方面可以让学生获得更深入的职业认识，另一方面也可以让学生加深对父母工作的理解，增进亲子关系。此外，学校和班级还可以针对学生的具体情况，开展各种各样的家校亲子活动，比如“书香家庭”营建活动、“温馨家庭”建设活动、“运动打卡”创建互动、“我从何处来”家族追踪活动、“晒晒我家的家常菜”分享活动等。

（四）社会活动常态化，充分拓展学生能力

党的二十大报告指出，要“健全学校家庭社会育人机制”。在立德树人这一宏观任务中，家庭教育是基础，学校教育是主导，社会教育是支持。

学校好比是园林，只是教育的小生态圈；社会好比是丛

林，是育人的大生态环境，是学生道德养成、道德实践能力提升的重要场所。学校要把统筹用好各类社会资源作为强化实践育人的重要途径，拆除隔绝学校与社会的“围墙”，让社会资源参与学校教育，让学生在社会中历练成长。通过“请进来”和“走出去”两大方式，常态化地开展学生社会活动，着力培养学生的社会责任感、创新精神和实践能力。

1. 开展社会资源进校园活动，丰富校园文化建设

通过“请进来”的方式，积极引入团工委、关工委、科协等单位和体育、文化、旅游等领域的社会资源，配合学校开展各项活动。比如邀请“五老”（老党员、老专家、老教师、老战士、老模范）、劳动模范、道德模范、时代楷模、各类精神文明先进代表、德艺双馨的艺术家等到学校开展宣讲教育活动。常态化开展宣传教育、科学普及、文化传承、兴趣培养和实践体验等活动，培养学生的社会责任感、创新精神和实践能力。推动“高雅艺术进校园”“戏曲进校园”等工作，传承弘扬中华优秀传统文化，丰富学生精神文化生活，提升学生审美鉴赏能力。

2. 开展学生社会实践活动，开拓视野，锻炼能力

通过“走出去”的方式，加强同各类爱国主义教育基地、法治教育基地、研学实践基地、科普教育基地和图书馆、博物馆、文化馆、非遗馆、美术馆、纪念馆、科技馆、演出场馆、体育场馆、国家公园、青少年宫、儿童活动中心等社会有关单

位的联系沟通，积极拓展校外教育空间，建立相对稳定的社会实践教育基地和资源目录，依据不同基地资源情况联合开发社会实践课程，有针对性、常态化地开展共青团和少先队活动、劳动教育、实践教学、志愿服务、法治教育、安全教育和研学活动等。

校外活动为学生参与实践活动提供了更多的可能、更丰富的空间，教师要根据学生的发展需要策划相关的活动，通过组织开展校外实践活动，充分拓展学生的能力，促进学生全面发展，使学生成为热爱生活、关注生活的人。

第五章
总结与展望

党的十八大以来，党中央高度重视教育工作，习近平总书记围绕“培养什么人、怎样培养人、为谁培养人”这个教育根本问题发表了一系列重要讲话，作出了一系列重要指示批示。

党和国家对教育事业的部署，要求我们从党和国家事业发展全局的高度，坚守为党育人、为国育才的初心，把立德树人融入思想道德教育、文化知识教育、社会实践教育各环节，贯穿基础教育、职业教育、高等教育各领域，体现在学科体系、教学体系、教材体系、管理体系建设各方面，形成全员育人、全程育人、全方位育人的高水平人才培养体系，促进我国教育内涵式发展、优质化发展。

高中学段是基础教育与高等教育的衔接期，是青少年世界观、人生观、价值观形成的关键期，高中德育在这关键衔接期承担着不可或缺的关键作用。要在这“承上启下”的关键期做好立德树人的文章，高中德育就必须面向“两个一百年”奋斗目标，面向中华民族伟大复兴的中国梦，面向促进教育高质量、内涵式发展这一时代要求，构建全面有机的育人体系，探究切实可行的育人策略，将“三全育人”落地落实，以书写迫切需要答好的时代答卷。

第一节　高中学段“三全育人”的实践路径

“三全育人”理念下的德育工作要求全员育人、全程育人、全方位育人，育人主体、育人时间维度、育人的空间维度都有极大扩展。在高中学段，结合高中生的学习环境、心理发展阶段、认知水平等实际情况，全面贯彻落实“三全育人”，主要有如下路径：

一、构建以班主任为核心的协同育人机制，全心全意全员育人

育人主体是育人体系构建的核心驱动要件。“三全育人”的关键在于“育”，而“育”的核心在于育人主体。育人主体间要实现协作联动，完善其内在协同运行系统，才能充分发挥育人主体合力。

（一）师德师风建设是实现全员育人的基础

“强国必先强教，强教必先强师”，教师在育人活动中承担着重要的作用。2023年9月，习近平总书记在致信全国优秀教师代表时强调，“希望你们和全国广大教师以教育家为榜样，大力弘扬教育家精神，牢记为党育人、为国育才的初心使

命，树立‘躬耕教坛、强国有我’的志向和抱负，自信自强、踔厉奋发，为强国建设、民族复兴伟业作出新的更大贡献”。从“四有”好老师到“四个引路人”，从做“经师”和“人师”的统一者到做“为学、为事、为人的大先生”，从建设高素质教师队伍到弘扬教育家精神……习近平总书记的一系列重要讲话和重要指示精神一以贯之地将师德师风置于教师素养的首要地位，成为广大教师躬耕教坛、自我完善的方向引领。

马克思认为，精神是社会的产物，他把自我意识作为劳动实践的一个环节，认为精神的生成并非一个单纯的理性客观化的抽象思辨过程，人在客观世界通过具体劳动实践而获得的生命体悟也不可或缺。正如雅斯贝尔斯所言，“教育即生成”，教育是“人与人精神相契合”。在教育活动中，教育与精神通过教师的教育实践活动建立起内在关联。教师在教育实践中形成教育精神，教育精神又作用于教师的教育实践，指导其育人活动的开展。一定意义上说，有什么样的学生取决于有什么样的教师，有什么样的教师则取决于其有什么样的教育精神，而教育精神直接体现为教师的师德师风。一方面，师德决定了教师对学生和事业的态度，决定了教师人格的高下。另一方面，师德又潜移默化地影响着学生们的成长，教师的理想信念、道德情操、人格魅力直接影响学生思想素质、道德品质和行为习惯的养成。亲其师信其道，当学生被老师的人格魅力所折服时，学生自然会信任老师、学习老师，育人工作也就自然事半功倍，水到渠成。

全员育人的基础前提是锻造一支师德高尚、师风纯正的教育队伍。教师必须以教师职业行为准则为价值标尺，以教育家精神为人生高标，不断提升自己的思想境界、师德修养和教育情怀，大力弘扬有“心有大我、至诚报国的理想信念，言为士则、行为世范的道德情操，启智润心、因材施教的育人智慧，勤学笃行、求是创新的躬耕态度，乐教爱生、甘于奉献的仁爱之心，胸怀天下、以文化人的弘道追求”的教育家精神，成为崇高理想的“言传者”和高尚道德的“身教者”，实现个人价值和社会价值的统一。

（二）学科德育是实现全员育人的主要途径

全员育人要求所有的科任教师都是育人主体，要求充分发挥学科德育的育人作用。学科教学是学生在校受教时间最长的育人活动，在学科教学中渗透学科德育可以很好地解决学习和生活有距离、课堂和课后两张皮的问题，是实现“全方位育人”的重要途径。

需要注意的是，在学科德育的过程中，必须准确研判教学内容，采用恰当的教育形式，不能采取刻意灌输的方式，把学科教学课上成班会课或思想政治课。所以，在学科德育中，教师必须遵循渗透内容合理化、渗透时机自然化、渗透展示生活化、渗透形式多样化的原则。

在学科育人的过程中，除了必须遵循育人内容合理化、育人时机自然化、育人展示生活化、育人形式多样化的原则，教师还要积极探寻学科育人的内容和方式。一是在教学内容中寻找德育内容。教师须能够从教学内容中寻找育人素材，全面把握中小学德育内容的内涵，从德育、哲学、美学、人文等角度分析教学内容。二是在教学形式中呈现育人理念。教学方式的选择、教学内容的选取、课堂活动的构建、课堂管理方式的选择、课堂语言的运用、课后作业的设置都可以反映出教师的教学思想，体现教师的育人境界。三是在师生关系中渗透育人思想。构建什么样的师生关系，意味着教师向学生传递什么样的价值观，构建师生关系的过程实际上是师生在知、情、意、行方面相互影响、交互作用的过程。

（三）以班主任为核心的协同育人体系是全员育人的重要保障

构建以班主任为核心的协同育人体系，就是由班主任对育人内容整体规划、育人方式居中协调、育人评价整理整合、育人效果统一评估，在育人方式、育人评价机制、育人内容等聚焦育人对象，解决主要矛盾，形成统一战线。

为此，班主任要与科任教师、德育团队协调育人目标、育人方式和评价体系，与科任教师形成联动，共享育人对象信息，形成德育一张网、德育一盘棋；要与心育团队密切联系，关注学生心理健康教育，为个别学生建立心理成长档案；要实践同伴德育，走德育的“群众路线”，通过同伴的影响打开学生的心理“防御墙”；要与家庭密切配合，统一立场，制定个性化德育策略，实现家庭学校教育“1+1＞2”的效果。

班主任是协同育人体系的“主心骨”。作为关键的育人中枢，班主任需要从整体视角开展德育工作规划、德育内容分解、学生信息收集与评价、德育效能反馈等诸多工作。

班主任构建班级管理的德育团队，形成网状德育格局，将会对德育工作起到事半功倍的效果。科任教师是协同育人体系的“主力军”，班主任要与科任教师建立合作机制，帮助科任教师搭建交流平台，提供更多可以被看见、被关注、被认可的机会。宿舍管理是协同育人体系的“根据地”，班主任与宿舍

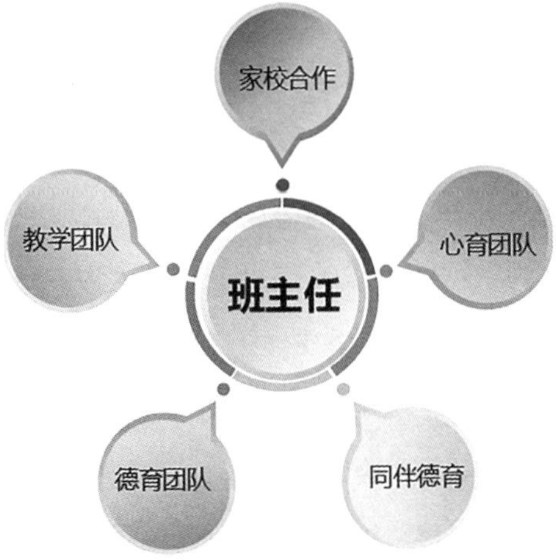

以班主任为核心的协同育人体系

管理老师要密切配合，指导学生以班级为单位制定个性化宿舍管理章程，进行宿舍检查与评比，开展宿舍文化建设活动，以宿舍管理协同班级管理，形成育人合力。家长是协同育人体系中的“后援团”，班主任要引导家长树立正确的教育观，将家长纳入班级成长共同体，搭建家校顺畅沟通的桥梁。学校活动是协同育人体系的“主阵地”，班主任要在活动开展前尽早介入，在活动中密切沟通，在活动后及时总结，使活动育人的效果得到充分发挥。

（四）以主题班会为主线的育人网络是全员育人的重要指引

主题班会指在班主任的统一组织和指导下，围绕一定主题开展的一种自我教育的班级活动。它是班主任对学生进行思想道德教育的主阵地，能充分发挥集体的智慧和力量，让个人在集体活动中受教育、受熏陶，从而提高综合素质。同时，它又是一门综合实践类校本德育课程，是班级成员在班主任的指导下共同参与具有明确的教育目的、灵活的教育时间、严谨的内容设计的系列主题教育活动。它以班级活动为主要载体，以主题会议等为主要形式，是师生间、生生间以及学校、家庭、社区间多方参与互动的教育过程。

主题班会有具体明确的目标、确定的组织者、明确的主体以及严格的组织过程。如果组织得好，主题班会对学生思想的转化和良好班风的形成有不可低估的作用。因此，有计划、序列化、贴近学生实际的主题班会，及主题班会中基于学情动态化调整的德育课程，是实现全员育人的重要渠道。班主任应根据每个学期学生身心发展特点以及认知水平，结合学校的时段性德育要求、学生在实际生活中遇到的学习和生活困难，并围绕节庆日、公民生活和社会时事等具有教育意义的内容，系列化设计每个学期的主题班会德育课程。

高中生处于世界观、人生观和价值观形成的重要阶段，以班主任为主导的序列化主题班会，要能够帮助学生正确认识自我，树立科学的世界观、人生观和价值观，塑造健全人格，促进整体和谐发展；做好学生的思想教育工作，激发学生学习的热情和动力；形成和谐班级文化，推动班集体建设。同时，主题班会也是提升教师自身专业素养和教育能力、促进班主任专业发展的有效途径。

二、构建以序列化为特征的全程育人体系，善作善成全程育人

美国心理学家埃里克森最早提出了“终生发展”和“终生教育”的观点。他认为，人的发展是持续一生的，每一个阶段中都存在一种本质性的危机，如果这种危机解决得好，人就可以顺利地进入下一个阶段，如果这个危机没有解决好，就会产生各种各样的心理健康问题，诱发各种各样的心理疾病，进而影响其健康发展。三全育人的重心在“全”，“全”蕴含着育人的两个维度：空间维度，指“五育并举”，全方位育人；

时间维度，指循序渐进，全程育人。全程育人正是着眼于人发展的“终生性”，强调育人的时间要素，以形成一个全程性的育人链条为育人追求。要实现全程育人，既要顺应时代发展大势，尊重教书育人规律；又要把握阶段特征，尊重学生成长规律、心理特点、思想特点。统筹各阶段的育人目标、各场域的育人内容，按照“整体性与层次性相统一”的原则，有针对性地开展教育引导，这体现了三全育人在育人规律性与人的主观能动性关系问题上的辩证科学态度。

（一）衔接基础教育与高等教育德育，做好全程育人的“贯通式”顶层设计

埃里克森的“终生发展”和“终生教育”理念启发我们，人的发展既具有阶段性，又具有连续性，阶段性会影响连续性。要让人顺畅地发展，我们必须从发展的连续性的角度把握其发展的阶段性目标。所以，德育工作的开展必须符合学生年龄特点、认知规律和教育规律，注重学段衔接和知行统一。目前，初中、高中和大学的德育培养目标各有侧重点：初中侧重于习惯养成，高中侧重于价值观的形成，大学则侧重于人生价值的实现。高中学段是承上启下的过渡期，高中德育工作既要考虑本学段的阶段性，也要“瞻前顾后”，将其置于学生连续性发展的一环，考虑其前一学段（初中）的育人“终点”和后一学段（大学）的育人“起点”。为此，必须做好初中、高中、大学育人一体化的“贯通式”顶层设计。

在高中做好全程育人的“贯通式”顶层设计，首先要着眼大学高中德育“一盘棋”。我们必须将中学生学业与未来大学的专业发展、走向职场的职业规划、报效党和国家的志向等贯通起来设计，推进普通高中教育与义务教育、高等教育、职业教育、社会与家庭教育的“五元衔接”，要依据学生初中的认知基础和未来大学的发展需求，结合高中学段的特点，对德育内容、德育形式、德育时机等进行优化设计，这样才能培养德智体美劳全面发展的社会主义建设者。

在高中做好全程育人的“贯通式”顶层设计，还要努力实现初高中德育一体化。学校应做好制度保障、人员保障、资源保障；在中考后的暑假，可通过思想引导、行动指引、学科指导、健康指导等方式帮助学生提前了解高中的学习生活；应与家长、优秀毕业校友等协同组成校内外导师队伍，开展服务学生成长发展的课程；在学生进入高中后，还应在建立组织机构、加强整体规划、创新实施路径、健全课程规划、建立成长档案等方面综合发力，帮助学生完成初高中课程衔接，使学生更好地适应高中学习生活。

（二）连通课堂内外的德育路径，做好全程育人的“融通式”实践探索

学校是高中学段育人工作的主阵地，但学生在课堂外的时间也很多，要使育人效果能够长效发挥，必须打通课堂内外的德育路径。我们要将日常学习与假期实践、课堂学习与课外活

动等诸多时间段有序衔接并充分利用起来，将德育工作融入高中学生的成长过程之中。通过连通学生课堂内外的德育路径，我们可以将高中德育目标有序分解、优化整合。

连通课堂内外的德育路径，可以通过家校合作实现，也可以通过社会活动实现，还可以通过开展专题德育活动实现，本质上就是充分利用课外丰富的资源、无限的空间和自由的时间来组织活动，让学生充分融入，体验德育，润化心灵。将学生课堂内外的德育连通起来，有助于强化育人目标，夯实德育成效。

（三）推进德育工作序列化，做好全程育人的“畅通式”逐步发展

德育工作序列化，指按学生品德的不同发展阶段，将基本稳定的德育内容，组织为连续有序的系列的过程。其特点是内容由低到高，由浅入深，由个别到一般，由简单到复杂，分层次分阶段、连续有序地排列，呈螺旋式上升趋势。

高中三年，每一年学生的状态都是不一样的。高一是学生思维由感性向理性转变的阶段，高二是思维向纵深发展的阶段，高三是整体思维集大成的阶段。依照每个阶段学生的思维特点和学业重点的差异，德育的内容和工作重点也有所侧重。全程育人要求我们将高中学段的德育目标进行梳理、分解，突出重点难点，防止德育工作如大水漫灌。我们要以德育重点为抓手，通过德育难点突破，由点及面提升德育实效。

德育工作序列化的设计能够充分利用学生的阶段性成长特点化解德育难点，使教师从全局出发，从动态角度去思考德育目的的达成，既有助于德育目标的分解实现，还能够缓解德育工作中的焦虑。

三、构建以多元化为支撑的全方位育人格局，同心同行全方位育人

全方位育人强调的是育人的空间要素，即育人主体的德育思维要具备全面性特征，应充分运用教育资源与师资力量，实现时时事事处处有德育。

（一）“四史”教育是全方位育人的重要一环

高中学段是学生价值观形成的关键阶段，在班级管理中加强“四史”教育，注重用党的奋斗历程和新中国成立以来的伟大成就鼓舞斗志、明确方向，用党的光荣传统和优良作风坚定信念、凝聚力量，用党的实践创造和社会主义发展的历史经验启迪智慧、砥砺品格，对塑造学生的理想信念、提升学生意志品质、强化学生积极人格等方面均具有重要的意义。

我们应把“四史”教育作为全方位育人的重要一环，积极探索“四史”教育与立德树人的融合途径。具体包括：把班会活动作为落实“四史”教育的主要阵地，让学生在班会活动中充分挖掘“四史”的重要意义；以黑板报宣传、“四史”演

讲、知识竞赛、活用“四史”等活动，营造班级文化，让“四史”教育长效发挥；将“四史”教育加入研究性学习和社会综合实践活动，促进学生知行合一；不断拓展“四史”教育形式，带领学生在参观展馆、观看话剧等活动中充分汲取前进的动力，不断吸收正能量。

（二）构建学校—家庭—社会的全方位育人平台

校家社协同育人有助于形成全方位、多层次、宽领域的教育环境，增强教育的连续性和一致性，提高教育的公平性。

校家社协同育人的实践路径主要有：建立校家社三方共建共治、信息传递与沟通的有效机制；建立包括家庭教育支持体系、学校教育引领体系以及社会教育辅助体系在内的完善体系；建立以学生为主体，家长、教师、社会各方共同参与，共同关注学生成长、共同推进学生成长的共同体；开展能够帮助学生了解自我、探索兴趣、明确目标、规划未来的生涯规划指导；开展能够引导学生认识自我、学会自我调适、建立良好人际关系以及培养良好生活习惯和态度的心理健康教育。

随着《中华人民共和国家庭教育促进法》的出台，家庭教育在育人工作中的重要地位更加凸显。在学校—家庭—社会的全方位德育平台中，学校教育因其特殊性占有主导地位；家庭作为学生的第一课堂和“爱”的避风港，具有重要地位；社会作为教育资源的提供者、教育目标的检验地、教育风采的展示板，是育人工作中不可缺少的一环。

（三）构建学生活动体系，实现活动育人

活动育人，是新时代立德树人的重要途径，我们希望通过班级活动序列化、学校活动精品化、家校活动协同化和社会活动常态化，在活动育人的过程中育人内容全包含、育人资源全调动、育人渠道全覆盖、育人主体全激发，进而实现全方位育人。

班级活动序列化。要求教师围绕高中德育总目标，结合不同阶段学生的特征和学习生活要求，有序开展德育活动，循序渐进培养学生基本素养。

学校活动精品化。可以通过多种方式，多维度培养锻炼学生的能力，如：抓住关键节点，开展仪式教育活动；利用各类节日，开展节日纪念日活动；组织各类社团，开展多彩的校园活动；结合办学特色和学生实际，打造“每月一节”系列精品活动。

家校活动协同化。学校、家庭共同配合，助力学生成长。学校要牵头组建家校共育“后援团”，建设好育人“大后方”；同时，要指导家教家风建设，打造好完整的育人生态系统；此外，还要开展丰富多彩的家校活动，引导家长参与到班级建设中来。

通过以上在活动的管理、设计、衔接、资源调动等方面的整体设计，我们能够形成“学生—学校—家庭—社会”四位一体的活动育人实施路径，构建起活动育人的体系，达到更好的育人效果。

（四）构建适合班级情况的班级文化，实现文化育人

育人工作是思想的更新和迭代。学生的每一次思想成长，都意味旧的思想得到更新。在新旧思想更迭的过程中，新思想会不可避免地遭遇旧思想的抵触。这种抵触是潜意识的、本能的反应，这种本能的抵触大大增加了德育工作的难度。构建合适的班级文化可以使育人工作于"无声处"显效果，能够有效地消减潜意识抵触带给德育工作的难度。

班级文化的构建需要考虑班主任的性格兴趣、学生的学习情况、学生的认知水平，需要全班的共同参与、班级成员的集体认同，是班级成员集体意识的体现，是班集体的奋斗方向。班级文化的浸润，能够使学生实现自我驱动、自我判断、自我管理。班级文化建设有利于学生保持高标准的自我要求和持久的内驱力，形成潜意识的行为自觉和班级自豪感，促使学生树立高远的目标和追求。

通常班级文化构建要经过集体讨论、文化内涵解释、班级文化外显形式讨论等几个环节。在集体讨论中学生了解班级文化设定的意图；在文化内涵解释中学生会深刻理解班级文化与立德树人的内在联系；在班级文化的外显形式讨论中，学生可以提出可视化、可操作的规矩——值得提醒的是，这种规矩与常规的法律法规不同，不涉及具体条款，只涉及是否违背班级文化的内核。

构建班级文化首先要体现学生的参与感，提升学生的归属

感，培养学生的使命感。对学生而言，班级的参与感来自参与班级活动、感觉被需要、感到被尊重。我们可以通过班级制度保障学生的参与感，比如小组制为核心的班级管理机制、让学生充分展现个人风采的展示机制等。学生在相互交往中逐渐产生归属感，这种人与人的交往、融合主要靠班级活动建立，学生在班级活动中相互了解、包容，由一个个松散的个体逐渐变成一个整体。学生有归属感之后，自然就有一种为集体拼搏的冲动，当班级的目标明确一致的时候，这种冲动就升华成要为集体而奋斗、努力达成班级目标的使命感。

构建班级文化既要有硬性制度，也要有人性的温暖。班级文化的内容既应包含划定红线的规章制度，也须有温暖的人文关怀。文化的成型依赖班集体高效、良性的运转。无规矩不成方圆，尤其在班级组建的初期，基本的规章制度是班级划定的学生行为举止的红线，确保班集体能够有序运转。班集体运转成型、师生磨合到位之后，个体的信念、价值观等不断碰撞，班主任可以引导学生寻求班集体的最大价值共识，进而营造适合班集体的班级文化。德育工作是人与人交流互动的过程，是通过创设活动让学生在体验中感悟成长的过程。因此班级文化的设定除了要考虑班级学生特点、班主任个性，还要尊重人性、尊重常识。我们在划定班级制度红线的同时，还需要在班级文化中赋予人文的关怀。

班级文化需要具象化呈现。文化是隐性的，润物无声，但如果文化无法具象化呈现，就会导致学生体验感不足，使班级文化的效能大打折扣。将班级文化内涵充分具象化，有助于学生更深切地感受、体验班级文化，能够促使学生得到文化的浸润引领，促进学生的成长。例如，我们可以通过班徽、班歌、班旗、班训、班级口号征集设计活动，激发学生的参与意识，凝聚学生的集体共识，凝练班级文化内核。

总之，班级文化具象化表达能够使班级文化落地生根，让学生深刻理解班级文化的内涵。同时，班级文化的具象化外显能够使学生切实得到班级文化的浸润，时刻感受到文化的熏陶和鞭策。

（五）落实“五育并举”，提倡融合学习

全方位育人不仅指育人手段和途径全方位，也指育人目标全方位，要求德智体美劳全面发展。落实“五育并举”也是落实全方位育人的要求。一方面，“五育并举”要求我们落实立德树人的根本任务，要以德育为先，引领“智体美劳”全面发展；另一方面，在“智体美劳”的发展中全面渗透“德”育，也是“五育并举”的应有之义。

“五育并举”不是德育、智育、体育、美育、劳育简单拼凑，而是“五育”之间有机渗透、融合发展。教育活动包含道德、知识、生命和审美四个基本维度，这四个基本维度与德育、智育、体育和美育是辩证统一的。劳动教育作为一种综合性和实践性的教育活动，不仅包含了教育活动的四个基本维

度，也融合了德育、智育、体育和美育等教育活动，这是教育促进人的全面发展的根本途径。

“五育融合”不仅意味着德、智、体、美、劳五育的有机统一，还意味着人的一切教育活动都包含着道德、知识、生命和审美四个基本方面。在教育活动中，教师应当从“德智体美劳”五个不同角度深入挖掘，让学生从不同角度获取不同的学习体验，从而达到“五育融合”的效果。

第二节 “三全育人”的前景展望

我们正处伟大变革之中，中华民族伟大复兴战略全局与世界百年未有之大变局同步交织、相互激荡。党的二十大报告指出，“科技是第一生产力、人才是第一资源、创新是第一动力”，要“加快建设教育强国、科技强国、人才强国，坚持为党育人、为国育才，全面提高人才自主培养质量”。这要求我们必须有更高的历史站位、更深邃的洞见、更远大的前瞻，全面、深刻地落实“三全育人”，构建高质量的教育体系。

一、全员育人要实现从育人主体的“相加”到育人力量的“相融”

全员育人的关键是构建起以班主任为核心的协同育人体制，建立班主任、科任教师、德育团队、心育团队、家长、同伴五位一体的育人共同体。这一共同体，不只是人员的简单相加，更要追求一种“各美其美，美美与共”的融洽的育人生态。每一个育人主体都在这一育人生态系统中扮演着不同的角色，承担着不同的责任，如果没有统筹，各种力量可能会相互消耗。所以，在全员育人时，不仅强调“全”，更要实现“融”，要将不同的角色分工进行有机整合，减少育人“摩擦力”，形成育人“向心力”，使各育人主体心往一处想、劲儿往一处使，各方配合打好“组合拳”，为实现共同的育人目标而奋斗。

二、全程育人要实现从育人阶段的“融合”到育人过程的“融活”

全程育人的核心价值追求是打通育人过程时间维度和空间维度的“任督二脉”，让育人活动成为学生成长的“源头活水”。这要求我们在德育实践中，防止“一刀切”和“断层化”，必须从“为学生的终生奠基，为民族的未来负责”的高度，统筹各阶段的育人目标、各场域的育人内容，将高中学段的德育目标进行梳理、分解，找到其差异点和关联点，按照整体性与层次性相统一的原则，突出重点难点，防止“大水漫灌”，由点及面提升德育实效。

三、全方位育人要实现从育人空间的“融入”到育人效果的“融出”

全方位育人强调育人主体的德育思维要具备全面性，应充分运用教育资源与师资力量，实现时时事事处处有德育，在广度和深度上超越传统的德育方式，实现学生德育工作的空间全覆盖。全方位育人不仅须融入多样化的德育内容、多维化的德育途径、多元化的德育资源和多极化的德育评价，更要突出学生的主体地位，让学生充分发挥主观能动性，从被动“输入”到主动“输出”，在多元的德育空间和多样的德育内容中培养发现问题、思考问题、解决问题的能力，从走马观花式的生活体验升华为刻骨铭心的生命感悟，从“融入”到“融出”，实现价值和思想的升华。

“三全育人”的关键在于“全”，而核心在于“融”，只有实现主体“相融”，过程“融活”，内容“融出”，方能将全员育人、全程育人、全方位育人融会贯通，臻于化境。

参考文献

班建武. 学校德育问题诊断的策略[M]. 上海：华东师范大学出版社，2014：79.

陈军，陈晓艺. “家—校—社”协同育人路径探究[J]. 中华活页文选（教师版），2023（1）：184−186.

储培君. 德育论[M]. 福州：福建教育出版社，1994：47−48.

但武刚. 学校德育活动初探[J]. 华中师范大学学报（人文社会科学版），1994（1）：123−127.

杜佳，陈淑丽. “家、校、社”协同育人的价值、问题与对策[J]. 大连大学学报，2023，44（1）：125−130.

段鸿. 现代德育：理论和实践[M]. 上海：上海教育出版社，2012：215−216.

顾雁飞，刘仕晨. 高校德育“三全育人”的时间维度、空间维度及实践方式研究[J]. 教育现代化，2020（4）：100−103.

广州市教育研究院. 广州市中小学劳动教育指导纲要[M]，广州：广州出版社，2019：40−60.

黄正平. 家校社协同育人：基础、核心与关键[J]. 江苏教育，2023（21）：60−62.

姜莹莹，曲艳丽. 校家社联动 全方位育人[N]. 语言文字报，2022−07−27（007）.

李娟. “立德树人”背景下高中德育教学创新研究[J]. 启迪与智慧（上），2022（11）：73−75.

李晓燕. 大中小学德育衔接的困境与出路［J］. 学术论坛，2016（12）：177–180.

梁伟，马俊，梅旭成. 高校“三全育人”理念的内涵与实践[J].学校党建与思想教育，2020（4）：36–38.

刘冰. 新时代背景下家校共育的优化策略[J]，启迪与智慧：成人版（上），2021（8）：5.

刘月. 家校社协同育人的内涵、困境与突破[J]. 教育文汇，2023（2）：20–23.

卢巍，张伟忠，肖钢. 中小学学科课程育人[M].济南：山东教育出版社，2019.

沈丽娟. 新时代高中英语教学中的德育渗透途径[J]. 英语广场，2021（16）：122–124.

王鲁宁. 学校德育衔接方法的形成及发展过程的实质[J]. 中共济南市委党校学报，2010（1）：84–88.

王维. 普通高中德育活动实施现状与对策研究：以甘肃省W县G高中为例[D]. 兰州：西北师范大学教育学院，2021.

文卫星. 超越逻辑的数学教学：数学教学中的德育[M]. 上海：上海社会科学院出版社，2009.

武宏志. 批判性思维[M]. 北京：高等教育出版社，2016.

项贤明. “五育”何以“融合”[J]. 教育研究，2024（1）：41–51.

于庆丽. 家校社协同育人，助力学生幸福成长[J]. 新校园，2023（6）：9–11.

张玲. 学生成长共同体：家校社协同育人模式实践探索[J]. 中小学班主任，2023（3）：66–69.

张文彦，施展. 家校社协同育人机制研究综述[J]. 教学月刊·中学版（教学管理），2023（1）：116–124.

张馨尹. 新时代背景下中学德育教育的创新[J]. 求知导刊，2021（22）：81–82.

张雪娇，杨黎燕，杨莉宁，等. 辩证唯物主义哲学思想在化学平衡体系教学中的指导应用 [J]. 广州化工，2021（6）：128–130.

浙江省教育厅教研室. 浙江省中小学学科德育指导纲要：高中[M]. 杭州：浙江教育出版社，2021.

中华人民共和国教育部. 普通高中课程方案：2017年版2020年修订［M］，北京：人民教育出版社，2020.

钟良. 中学生志愿服务与践行社会主义核心价值观的实践探索[J]. 基础教育参考，2017（10）：73–74.

后　记

本书是“基于立德树人的高中‘三全育人’路径研究”课题组的集体智慧结晶。其中第一章主要由广东实验中学谢锦辉老师撰写，第二章主要由广东实验中学谢锦辉老师、王丽丽老师、石海杰老师、胡婷婷老师撰写，第三章主要由佛山市顺德区东逸湾实验学校梁小翠老师、江门市新会第一中学方育森老师撰写，第四章、第五章主要由广东实验中学李文老师、惠州市惠阳区第一中学高中部冯猛老师撰写。整个撰写过程得到了广东实验中学张培军老师、张曙老师、曾杰老师、李家琦老师、陈义虎老师的指导和支持。

由于编者水平有限，本书一定存在诸多不足和遗漏，恳请各位读者批评指正。在编写过程中，本书参考了大量文献资料，并尽可能标注其出处。在此谨向各项成果的原作者和提供资料出处的引注者表示感谢，如有遗漏或不妥，敬请谅解。

借此机会，编写组向一直以来关心、厚爱和支持我们工作的领导、专家、同行、朋友表示感谢，希望大家继续给予一如既往的关心和支持。

本书编写组

2024年10月